幸福工程學院 Since 1988

功能婚姻之必修科&選修科

陳艾妮的成名作

功能婚姻

10個功能共同體

在婚姻裡存活的必修科&選修科

(花園區&地雷區)

陳艾妮 著

華人世界寫書、演講、繪畫最多作家、話家、畫家、話家、企業家

《幸福工程學院》創辦人

《本書的出版目的》

提高在婚姻裡的生存適應能力與幸福感指數；至少降低 20%的離婚率。

功能婚姻的10個功能共同體　在婚姻裡存活的必修科&選修科 / 陳艾妮 著
初版：2023年5月　定價NT$300元

國立中央圖書館出版品預行編目資料

功能婚姻的10個功能共同體
在婚姻裡存活的必修科&選修科
陳艾妮著. -- 初版. 新北市：幸福理念行銷有限公司 2023.03
240面；21×15 公分. --
ISBN　978 986 7800 36 7（平裝）定價新台幣 300元
544.3　　　112003962
CST：婚姻 2. CST：夫妻　3. CST：兩性關係

發行者：幸福理念行銷有限公司 統編：2512-4416
電話地址：0912-44-22-33 (line)，新北市淡水區鼻頭街19號
銀行帳號：陳蓮涓　華南銀行008忠孝東路分行　120 20 0036815
郵　購：郵政劃撥帳號：1784-2281　陳蓮涓
E-mail：anniechen112233@gmail.com

總代理：旭昇圖書有限公司
電　話　：02 22451480(代表號)
傳　真　：02 2245 1479
郵政劃撥：12935041 旭昇圖書有限公司
地　址　：新北市中和區中山路二段352號2樓
E mail　：s1686688@ms31.hinet.net
旭昇悅讀網　http：/ubooks.tw/

《功能婚姻》的功能

婚姻先修班、進修班與補修班教科書

《功能婚姻》保全婚姻的一張保單。

《功能婚姻》有史以來第一次出現的「婚姻解剖學」。

《功能婚姻》有效的婚變預防針、免疫補方與防火牆。

《功能婚姻》全方位根本解決婚姻問題的工具書。

《功能婚姻》任何社會階層的人都能懂能用的系統。

《功能婚姻》 協助正在擇偶的未婚人改變擇偶的觀念與條件，以便預防選錯對象。

《功能婚姻》 提醒剛結婚的人，不要造成婚姻裡不必要的壓力。

《功能婚姻》引導已有地雷區出現的婚姻懂得取捨「必修科」與「選修科」功能，趨吉避凶、逢凶化吉而能不再吵架並停止忍耐。

《功能婚姻》讓結婚多年的中古、上古婚姻停止婚姻淡化、弱化、惡化、退化、形式化。

幸福工程 since 1982

《幸福工程教學系統》近200本書，始於一場無心插柳的演講。43歲時忙於事業的我意外懷孕生二胎，嚴重妊娠孕吐躺到分娩，感觸至深有感而發，在國父紀念館發表第一場《功能婚姻/天龍8部看婚姻》的演講後，就由一個生意人突然變成一個無師自通、中年才出道的講師。《功能婚姻》是我的成名作、《笑能家教》成為我的招牌、繼而《婚姻三角習題、快樂、健康、理財》……繼續接龍。應讀者聽眾的要求，我竟不知不覺中寫了100多本書？真是無心插柳，全是「市場説話」、應觀眾要求的神奇結果。我審視我的成功原因：1/我的演講及書本內容都是言人所不敢言、我自己的創見，很少翻譯國外主流思想；2/我的切入點不是教育，而是赤裸裸的人性；3/我在國內國外商場打滾，由基層到做老板，帶領過白領、藍領、粉紅領的團隊，我了解商業及現實；4/我的本科是社會學，懂得綜合心理學、考古學、歷史到地理……等社會科學；5/我有基本國學根基(我能寫文言文)，能覺察傳統民族性的優點及缺點……如此整合成一套本土但現代化的關係(婚姻親子)系統，這當然就有別於主流觀點。我談的婚姻親子人際關係，談的不是理想或理論，而是現實與人性。這百萬字的教材教案，不是個案的擴大解釋，也不是翻譯書，是有學術架構及臨床案例的累積結果。以儒釋道法為精神，以西方研究邏輯為用，主張婚姻裡的「功能、接受&取捨」及家教的「幼兒養性、童蒙養正，少年養志」，志在降低離婚率、終止千年的打罵家教及家暴。以深入淺出的文字融合理論及工具方法，力求落地與實用。《幸福工程學院》旨在提供讓關係變得輕鬆、有趣及有效的觀點及策略。

華人世界寫書演講繪畫最多女作家

陳艾妮 寫於 2020年

目
錄

婚姻就是供需組織：
白頭偕老靠「功能」的滿足

/ 陳艾妮

這本書早於2015年就完稿了。沒出版，因為2個原因：第1個是當時我移居在上海，要出版的話，書號的成本太高，捨不得花這個錢；第2是2020年因病毒回到台北定居，知道實體書的市場狀況(重慶南路剩下的書店無幾)，也不敢出版。

現在事隔9年，決定要出版，原因也有2個。1個是：我在《笑能家教》演講場子裡一定會提到我獨創的《功能婚姻》理論，會後就有一堆聽眾追著我要買《功能婚姻》的書，可見有市場需要；原因之2是：我看到當前的婚姻問題比過去更嚴重，以前遇到中老年擇偶的人會問「是喪偶還是離婚？」現在我會問的是「請問這次是第幾次？」因為，當前離婚2次、3次、4人已不是稀奇的個案了。我看到重複結婚、離婚的個案裡，問題還是一樣，真是「太陽底下無新事」、大家付了昂貴的學費但沒學到教訓？我認為，如果大家還是不認清婚姻是怎麼一回事的話，就只好重複輪迴、離婚再多次也不會改變結果。

人人想要幸福，沒有人會想要和自己愛的、選擇結婚的人離婚……但為何幸福而白頭偕老的婚姻這麼少？在我未婚時就覺得

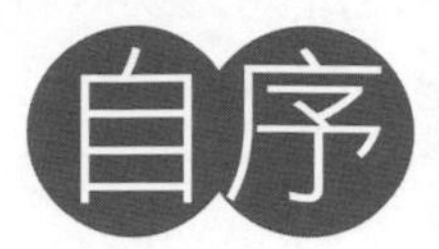

自序

這是一個謎題，在我結婚後我也很困惑這個「無解公案」，但在我結婚20年後就明白了，「相愛容易相處難」這句話的真諦。其實婚姻不複雜，問題是：古今中外沒有任何一個國家認為應該讓「婚姻家庭」成為一門「國民義務教育」的課程。問題是：若有學校以「家庭婚姻」為「通識科目」，若有民間的相關教育機構，內容也常是一堆西方理論的翻譯及古今並未成功的策略(比如忍耐、認命)。

本來我就計劃要把100多本書濃縮成12本《幸福工程全集》，且要先完成《笑能家教》系列。但在因為許多人追著要《功能婚姻》之下，就讓這本書插隊，在2023年先行出版。這是30年前早已提出的、管用、實用的婚姻理論及系統，不管書市如何，「眾生有病我有病」，捨我其誰，它就值得出版。因為，我的書及課程，都很「有用」。我的婚姻書，就有家長把它們當做女兒的嫁妝，要孩子讀了再去結婚。看過這套婚姻理論的人的心聲：「艾妮姐，感謝你的書，讓我從結婚一開始就很輕鬆。」「還好有去聽你那場演講，讓我家吵了十幾年的架再也不吵了！」「婚前，我媽規定我要看完你的書才可以結婚；婚後，我才知道這套書還真是我家的傳家寶。」「聽廣播裡艾姐的一段話救了我的婚姻，感謝艾妮姐。」……30多年來，有無數的讀者說，我的書及人生理念如何幫助了、救了他們的後半生。我很清楚，這些年來我寫的書及原創的生活策略為什麼歷久不衰地受歡迎，很簡單，因為，它們很簡單易懂，它們「有用」「管用」。我的書沒有道德教條(誰要聽呀)與心靈雞湯(太多了呀)，全是真話直說，只怕讀者心臟不強，無法招架。

容我保證這本基本教科書的「功能」：

1/ 正在擇偶的未婚人：它是先修班，預防重於治療，預防的成本最低，《功能婚姻》會改變擇偶的觀念與條件，以便預防選錯對象。

2/ 剛結婚的人：不讓「求好心切」的心理造成婚姻裡不必要的角色錯亂及壓力。

3/ 已有地雷區出現的婚姻：懂得取捨「必修科」與「選修科」功能，趨吉避凶、逢凶化吉就能不再吵架並停止忍耐。

4/ 結婚多年的中古、上古婚姻：防止婚姻淡化、弱化、惡化、退化、形式化等危機，想辦法救回婚姻的功能。

《功能婚姻》有資格做為一本的進修班與補修班的教科書，希望每個和自己的男神女神能享受「不自由但自在」、有功能的「功能婚姻」。而我的終極目標，就是爭取提高幸福指數、預防婚變、降低全民離婚率的社會貢獻。秀才人情紙一張，我用筆寫了100多本書，一句一句都是我可以貢獻給想追求幸福的人的。

《功能婚姻》的前身是《天龍8部看婚姻》，這是當年我身為商場老板娘的第一場演講題目，它讓我一戰成名、一場演講就由商界立即切入演講界成為名嘴的成名作。後來我寫了近200本書的源起，就是這個主題。只是後來因應市場的需求，我的招牌主題成了大家更重視的《笑能家教》。事隔多年的現在，隨著社會變遷及家庭需求的調整，我把婚姻功能調整為10個。不管是男神女神，還是暖男暖女；不管是聖男聖女、還是剩男剩女；不管是賢妻良夫，還是配錯怨偶；不管是王子還是青蛙，不管是公主還是公主病……婚前，再怎麼金童玉女、門當戶對，結完婚，你們就要開始面對不浪漫、真現實。空談無益，我把婚姻「解剖」成短兵相接的10個「功能」區塊，請由病理分析開始、進而對症下藥，希望能藥到病除。

《功能婚姻》的邏輯超簡單：婚姻就是一個供需組織，白頭偕老靠「功能」的滿足，而不靠人們以為的「愛情」及我反對的「忍耐、包容」…等苦工。所有人類的行為始於「需要」，誰滿足「需要」，誰就被「需要」。結婚時一定是有所滿足、得到功能才結婚的，但婚後若你(妳)不再具備滿足對方需要的功能的話，你(妳)就遲早一定會被「三振出局」。事實上很多小三的出現只是被當做工具，小三的「功能」只是讓沒有了功能的「僵屍婚姻」有了一個破洞，好讓沒有滿足的一方逃生而已。能滿足對方最基本的需求，有對方無法放棄的功能的人，即使變老了、變窮了、變病了、變醜了……一樣能白頭偕老，持續被當做寶貝，如此而已。

別忘了3條橋的啟示：互助橋、合作橋、湊合橋，婚姻只是走過這3種橋的一條路。只要還沒簽字、沒分居，還沒有走到要離婚的流程上，任何婚姻都可以救回到「保持功能」的「功能婚姻」

而「白頭偕老」。

容我再次開門見山：婚姻本來就是「功能的滿足、資源的交換，條件的互補」。有所「得」，即使未必有所「失」，但至少要有所「付出」。為了「得」而得「付出」，就不要抱怨、計較或後悔。結婚是成年人的事，不可再天真地埋怨對方的「現實」，面對人性吧，唯有持續滿足到彼此的功能，才願意白頭偕老，才願意被法律身份框住。婚姻外的關係若能存續，肯定是因為「功能」在外面被滿足了，這就是「現實」。我知道，有人堅信婚姻是因為「愛」，那就對了，因為「愛」就是最早的一種功能需要，但它只是其中一個功能，而這本書只是想報告這個事實：靠著「愛」成婚後，就出現其它功能的功課了。

有愛，是不夠的，得有「功能」。結了婚，雙方就開始這「供需」的較勁。婚姻裡，就是少林派對武當派的明槍暗箭，全是現實、欲望、性格及人性的過招，請準備好吧：在供需組織裡接招、發揮功能吧。

陳艾妮

初稿定稿於 上海《久事西郊花園》
2015年2月2日
決定出版於 新北市淡水區《海角19號》
2023年3月12日

《功能婚姻》關鍵觀念

▌婚姻的起始目的：滿足「功能」

人間萬物所有的行動，都因為「需要」。「需要」是所有行動的動力，每個人結婚都是因為有「需求」，想要滿足一些「功能」，得到一些資源，不然怎會去辦麻煩的婚禮，去承擔一生的責任呢？婚姻的功能，就是情感及生活的充電站與加油站，社會上的關係是恒變的，在社會上人人戴面具，每個人都需要一個關係不變、可一夜睡到天亮的安全地方可歇息。回到家裡，就希望不再演戲，能滿足各種生活功能。古代沒有超商餐廳，女人靠著煮飯一招就能坐穩寶座；古代女人沒有收入，男人只靠著拿回家用就能做老大。現在呢，滿街解決三餐的服務業，女人賺錢能力不輸給男人了……呃，那要靠什麼「功能」呢？若在婚姻裡對配偶一點「功能」都沒有，或自己提供的「功能」對方並不需要，那麼你就是他(她)不需要的人，在婚姻裡你就沒有價值及立足點。即使你們當初愛得死去活來，即使你曾犧牲很大、做牛做馬、外人都支持同情你，但只要對方不領情，你就是他(她)不需要的人，主因，就是對方最須要的功能你沒有提供。在這種狀況下，你想用一紙婚約來綁住對方，就是不道德也不實際的做法。

婚姻大學的10個功能共同體：必修科VS選修科

想要幸福，就要把你們的這10個功課功能做個區分：輕輕鬆鬆就做得很好的共同體就是你們的「花園區」，要小心的就是會爆炸的「地雷區」。我常說「人生無常才正常，夫妻不合最自然」，要有心理準備再怎麼挑選對象，一定會有不合的，牙齒和舌頭都會咬到，何況是2個成年人。花園區要常去，人人愛去；那些做得累得半死還是沒法讓對方滿意的「地雷區」，請不要去，但很奇怪，有些夫妻就是愛去地雷區，不知輕重地經常「引爆」地雷，實在是沒事找事。婚姻裡有些功能就是不順利、彼此就是不合，但只要它們是選修科，那麼就算分數不好、很低、不及格，也不會損及大局。選修科低分，只要想法子過關就行，雙方若有共識，把它「當掉」或「完全不修」也不會礙大事。反之，若必修科裡有沒法過關及格的？嗯，那，你們家就有麻煩了。好，婚姻裡的算數就是這麼清楚簡單，請看：

婚姻裡的10功能(必修科與選修科)：

5個必修科	5個選修科
1 情感共同體	6 金錢共同體
2 情緒共同體	7 親友共同體
3 生活習慣共同體	8 價值觀/信仰共同體
4 性生活共同體	9 命運共同體
5 子女共同體	10 事業共同體

功能需求家家不同，還會隨時間而不同

我將10個功能分類為5個必修科與5個選修科，只是我的建議而已。功能需求沒有全球一致的模組，「我家的蜂蜜，可能是你家的毒藥」，家家有本不同的經。你們的花園區，是必修科還是選修科？家家不同，還會隨時間而不同。我列為選修科的功能，可能在你家是「必要功能」。舉例：我列為選修科的「金錢共同體」，對毫無生產能力的人(靠男人養的弱女子，啃女人的渣男)而言，可能是最重要、甚至是唯一的要求。只要能得到房子車子、金錢、生活費、養育兒女的經費，有人就可以接受、忍受所有其它功能的欠缺。

功能決定婚姻的內聚力與存續

現代人精神上的4大殺手：「選擇性」憂鬱症、自閉症、癡呆症、失憶症。我用的「選擇性」是指：此人並沒有這些病，在外面很正常，但回到家裡就有這些症狀，甚至就變成聾子或啞吧。這種功能已半死不活的婚姻，會讓關係逐漸接近腦死。較合適的做法是：趕緊補充提供對方需要的功能，要不然就彼此就「換人做做看」，不要糾結在婚約的形式裡。多少人，在家外人人稱贊為好人，但在家裡「顧人怨」，這就是因為他(她)有外人不知道的「功能缺失」，還有「自我認知缺失」，讓另一半不滿的同時卻自我感覺良好。

「功能」重於「浪漫」

有人會說，「功能婚姻」？那多無趣、好不浪漫！我的邏輯是，有機會發生刻骨銘心真愛的人並不多，為刻骨銘心之愛而粉身碎骨也不是件太好的事，那麼，擁有一個，對雙方、對兒女、對家族都有些功能的「功能婚姻」也是不錯的。老人家說得對：「愛情能當飯吃嗎？浪漫能解決問題嗎？」結婚目的本來就是要解決情欲、情緒、生活、三餐、洗滌、傳宗接代、經濟、面子……的各種功能，功能指數決定婚姻的幸福指數。沒有功能，婚姻等於不存在。一紙婚約，就是空的。有愛，也要有功能！只有一個「愛」的功能，其它的功能都沒有，婚姻的地基就虛了。即使沒有愛，只要還有功能，婚姻就有了存續的地基。

錯誤(不合時宜)的婚姻觀念也要掃毒

婚姻確實是愛情的墳墓，但沒有婚姻，就連合葬之地都沒有。我的人生座右銘「欲吹南風、先開北窗」，若把婚姻的病灶搞錯了，就是再努力也沒有用、再付出也得不到感謝。再多的心靈雞湯，正能量語言與信仰是沒有用的，陽光金句、安慰對人都是口號，如果這些都有用，就不會有這麼多的不幸婚姻關係，唯有識時務並早點預防，有所警覺才是上策。我比較不擅長長期服藥的「內科」，我喜歡「外科」，把病人拉進來開完刀推出去了事。《功能婚姻》把婚姻解剖成容易懂的部門，認識婚姻的真相，再

對症下藥，或有所預防。就像手機和電腦要掃毒，也要定時關機，婚姻也要掃除病毒，掃除一些病毒觀念，重新開機，《功能婚姻》的功能就在於此。傳統婚姻觀念適合封建社會，已不合時宜的觀念就變成錯誤的觀念了。

婚姻關係是人生主題：幸福需要學習

最熱門的電視劇、最感人的電影，常是男女關係。即使是戰爭片，也要以愛情故事來穿插。如果抽掉男女關係、婚姻故事，世界上的戲劇就要面對沒有題材的斷炊問題了。誰都希望戀愛時的美好記憶，永遠停格，但是，由古代的「 孔雀東南飛」到現代的「豪門婚變」，這些劇情讓我們對號入座，認識「王子與公主從此就過著「？」……的日子。關於愛情及婚姻，我們不缺故事及個案，我們最欠缺的是原則性的觀念及預防性的準備，而不是亡羊補牢的法律知識、及隔靴搔癢的電影情節和特別個案。雖然沒有教材、教室、急診室，但大部分人們仍會走入婚姻擁抱家庭。於是，就製造了許多幫助情感「保健、復健、急救」的行業，讓偵探業、美容業、律師業、算命業大發利市，宗教界的功能之一，也是要收容撫慰感情受創的信徒。建議，在花大錢找以上這些行業之前，不如先來學習婚姻的基本功課。

婚姻急救靠自己

我常開玩笑：如果人類可以上月球火星，那麼追求幸福何難之有？所以我會問：「人類都已經上月球火星了，為何我們卻連個感冒都無法杜絕？」我更要問：「人類都已經上月球火星了，為什麼我們卻沒辦法降低離婚率？」如果我們把上月球的研究經費拿來一些研究「如何讓婚姻幸福」，我們應該早就終止了「男女戰爭」、就不用再拍「離婚律師」這類電視節目了。在我看來，婚姻這件事，可以很複雜，也可以很簡單；在我的觀察中，婚姻不和的比例多，但一定非要離婚的少。婚姻的不幸福，和嚴重欠缺教育有關：這是皇帝總統及父母老師的錯。皇帝總統父母老師從小照顧我們、又要求我們好好學習四書五經國文數學英文電腦，但就是沒有教我們如何「選對象」「處婚姻」？人類都上月球火星了，而要婚姻幸福為什麼做不到？太空人有長期訓練，連開車都得考個執照，而決定雙方數十年幸福的「結婚」這件事，我們卻從來沒有上過一堂正規的課？看過一個「愛情顧問」的廣告收費表：表白8888元、分手挽回12888元、离婚修复套餐16888元……折只要3888元，一次交費，終身售后,每周定期情感网課……不知有效沒效，但看這價格就表示想要求助的人覺得這服務值得這麼高的金額。我們得自救：學習婚姻之道。

告別「愚忠愚孝」：海誓山盟不代表能滿足每個功能

一般人以為海誓山盟之後，就是「我生生世世都要和你在一起」「我永遠都要照顧你」「你是我唯一的女人(男人)」……這種種浪漫的誓言，不等於雙方就能一起上床、睡覺、吃飯、生小孩……共同生活。「夫妻嘛，就要每件事都接受。」「家庭，就是所有的事都要全體承擔。」「結婚，什麼事情都要放在一起。」甚至認為：「分房睡？那不就是準備要離婚了？」「錢分開用，各管各的？那一定是感情非常不好。」……這是我們的傳統婚姻觀念的刻板印象及對婚姻的理想要求。這些話，就像傳統的「愚忠愚孝」一樣，都是壓力的來源。因為時代已經改變，婚姻的功能、條件及需求已大大不同，如果我們對婚姻仍有這些傳統的刻板要求，就把簡單的婚姻搞得讓人「呼吸困難」甚至要「窒息」了。多少求好心切的夫妻、恨鐵不成鋼的父母，在努力追求「功能共同體」的高分時，就讓簡單的家庭變複雜、變麻煩了。

愛一個人容易，一直愛一個人難

愛一個人而想和他(她)朝夕相處是很自然的，但「相愛容易相處難」。「愛一個人容易，一直愛一個人難」，一直可以和他相處而不膩，更難得。「相愛容易相處難」，一男一女之間的獨有問題，世上沒有一本教科書能講得完。花了近20年得到的學歷，不決定幸福指數。戀愛之後的功課，不是愛情與激情，而是高達10種的、並不浪漫的功能問題。婚姻讓你幸福，但也可能讓你沮喪與痛苦。

功能失調或失能：婚姻是生活功能及三觀的有機體

婚姻不是男女與感情問題，是生活功能及三觀問題。愛情是很偉大的，但愛情無法燃燒數十年。激情無法當飯吃，關心不見得讓對方幸福，付出可能得不到感謝。婚姻是文化、習慣、經濟、民族性、風俗的綜合體，它是有機體。健康出了問題，是因為「溫度失調」「水份失調」……造成文明病的「新陳代謝失調」。婚姻也是如此，我們常以為婚後的挑戰是外遇、抱怨、煙酒、性冷淡……但這都只是表相的磨擦與衝突事項，真正的關鍵是背後造成這些問題的「功能失調或失能」。10個功能共同體天天在摩擦。因為婚姻不是男女與感情問題，是生活與人生問題，是三觀問題，是習慣問題。放大視野，用觀看人生及生活來看待一男一女的生活，明白功能問題，你就會對婚姻問題釋懷，不會再抓著配偶來負責你的人生幸福，因為婚姻問題，基本上都源自自己的問題。對自己，對家庭，欠缺什麼功能，想辦法自己解決。「婚姻的10個共同體：必修科&選修科」理論，幫大家學會適時適地用太極拳的「推手」保持不離不棄、不疏離不壓迫的伴侶生活。

少林派對武當派：以不弈而保持不敗

如果不懂得解剖婚姻，不明白沒可能每個功能都到位，就會在對方有幾科不及格而失望之餘，就興師問罪、得理不饒人，形成「少林派對武當派」的局面，不但會有外傷，也會有內傷。別得

理不饒人，別讓每天不得不回家的愛人，和你成為過招對手。如果事先有心理準備，就能預先評估彼此的拳術派別，知己知彼，區別花園區與地雷區，就可以不戰而勝。正如同下棋大師，「以不弈而保持不敗」，說的是不隨便和人下棋，只有有把握時才出手，而出手時必定勝利。這也和武術大師一樣，比賽不公平、環境不適合時，也不會出手。凡是武術過招，一上擂台就必定刀光劍影。要明白大師出手，非死即傷；要知道親蜜關係的可怕殺傷力。

太極推手：懂得害怕，才是真正的勇氣

無法滿足對方合理的功能須求時，就該心懷歉意。再怎麼相愛的男女，在婚後一定會面對與愛情無關的10種共同體的功能挑戰，如果堅持要做「模範夫妻」「恩愛伴侶」，要求雙方都完全坦誠、全力付出、拼了命來滿足所有的功能須求，要方方面面都高分的話，就得整天忙著過招接招，結果一定是事倍功半，雙方都累得半死。「獅王」這部卡通片里，小獅王問爸爸「什麼是勇氣」，老獅王的回答：「懂得害怕，才是真正的勇氣。」對我發很大，因為「有勇無謀」是愚笨的，在婚姻里，不知輕重去爭對錯，付出的代價很大，要懂得害怕及盡量避免對抗。實在避免不了衝突時，怎麼辦？請用太極推手的招式來化解。搞清楚哪裡是你們的地雷區，哪個科目是你們的花園區。區別婚姻裡的不同功能，明確知道你家你們的痛點是哪裡，供需為何，功能失調何在，聰明的人，就會保持安全距離。

婚姻的積極面：彼此滿足最需要的「功能」

婚姻的積極面，就是你們得彼此有資源交換，功能互補。結了婚，你好歹要滿足對方一些需求，有發揮「功能」，對方就會維繫婚姻關係，若能滿足對方最基本的需求，發揮對方最喜歡的「功能」，對方對你就會忠誠相守。至少看在你的「功能」上，你沒有「功勞」至少也有「苦勞」而不會太決絕。好國民會說「不要問國家為你做了什麼，要問你為國家做了什麼？」改幾個字，好夫妻會說：「不要問家庭為你做了什麼，要問你為家庭做了什麼？」已經成為夫妻了，好歹你要滿足對方的一些重要需求，你才有存在的定位。若有好幾個功能(但必需包含對方需要的功能)，你的身份就穩若泰山了。但若硬是不能、不願、故意不滿足對方最渴望的需求，一點「功能」都沒有，對方就會主動破壞婚姻關係，你們就一定會發展出「同床(或只是同屋)異夢」「貌合神離」「形同陌路」的「掛名夫妻」。

為什麼會等不到「謝謝」及「抱歉」

等不到說謝謝，等不到一句抱歉的人，當然會很生氣。但要想想，等不到謝謝及抱歉的原因，可能就是因為對方想要的功能沒有被滿足。或，你提供的功能對方並不須要、甚至覺得沒價值或理所當然，因此並不領情。所以，在婚姻裡，說「自己付出這麼多，對方竟不知感恩」的說法太天真了，因為付出多不代表對方會感謝。若你提供的「功能」對方並不需要；甚至是會討厭你做了這些事。最笨的人，是完成許多功能，但都是對方不需要的、不希罕的，就成了「吃力不討好，賠了夫人又折兵」還被人嫌惡，「做得流汗，被嫌得流涎」的倒楣者了。上等婚姻人，滿足對方需要的所有功能；中上等婚姻人，滿足對方需要的最主要功能；中等人，滿足對方需要的一些功能(但沒有包括對方最須要的功能)；中下等人，滿足對方覺得可有可無、無所謂的功能；下等婚姻人，完全沒有任何功能。當然最糟糕的人，是不知道自己的功能缺失，還玩「情緒勒索」的遊戲，既對對方的反應不滿，還給對方責備與拖累呢。

愛的兩個動作：付出被接受&接受付出

分享與共享是婚姻的功能。古代的男主外，女主內；現代的一起交貸款，分攤家用。有福共享，有難同當，這種情誼，只有在雙方有「感情」之下才會產生。如果沒有「愛」的背景，或已經「不愛」了，當然就不願再分享與共享。若是因為一紙婚約而不得不繼續分享與共享，那就是只剩法律與責任關係，只是搭伙過日子了。 在愛的世界裡，有兩個動作：一個是自己的付出被對方接受，一個是對方付出讓自己滿足。如果付出被嫌棄，被拒絕，感情就已被否定；如果對方一直不付出，自己就會心涼，感情已缺席。還愛不愛，指標就是你的「付出」對方接不接受，對方不接受時，就代表他(她)已不需要你的「功能」了，也就是宣告他已不需要你了。

婚姻就是資源交流及交換。金錢要交流才有用，感情要交換才有愛。沒有交換到資源或不想交換資源時，就是後悔結了婚的時候。

功能多就是婚姻的保單：對方願妥協與忍耐

幸福由何處來？由彼此提供功能而來。你提供了關鍵的功能，你的脾氣、習慣對方都會想辦法適應；你沒有提供關鍵的功能，對方就沒有妥協的動力。人(生物界)是現實的、功利的，人不為己天誅地滅。我贊成夫妻的任務就是「投其所好」，但前題是要能兼顧自己的「自得其樂」，沒有一個婚姻值得一個人喪失自我。在雙方有意願及能力之下，提供功能多，而且是對方最須要的功能多，就是婚姻裡的籌碼，就是婚姻的保單。只要重要功能有所滿足，就會讓人覺得婚姻是值得的，讓人願意接受(忍受)、妥協(調適)他(她)不喜歡的那些共同體，自動維繫婚姻關係。幸福小白靠運氣，要成為一個婚姻得道者，靠的是讓一定會不合的人能合下去，至少可以預防婚姻變壞。

要先確認對方最須要的功能是什麼

確認並提供對方的關鍵功能，你就被需要。如果你對於「對方對你、對婚姻最大的需求是什麼？」都不知道的話，那你就活該會婚姻失敗或離婚了。比如：對方就是要依賴你的錢才能生存，那麼你做金主就安了。比如：對方最在乎的就是性生活的滿足，你

(妳)若「夜間部同學」很高分，對方會對別的事不計較。比如：對方感謝你全心全意把孩子教養成材，那麼你變老變醜或脾氣壞他都可以忍耐就不計較。比如，對方最在意社會形象及親友的肯定，只要你在外為他把面子做足，別的事他就會不再要求。為什麼老板外遇的首選是秘書或財務？因為這兩種人是事業型男人最需求且最能分享他的甘苦心情、最懂得如何立即滿足他、幫他解決事業問題的人。相形之下，為他做三餐的黃臉婆，天天守門的大老婆，就是無功能的多餘及壓力。叫外賣就有，煮飯沒什麼價值，若煮的菜很難吃，這種大老婆的付出，對他而言就是可有可無的。為何女人外遇的首選是舊情人、社團會友、舞伴或同事？因為女人出軌尋求的，多半是情感空洞的填補。

別自以為犧牲：要問「功能」是否是對方需要的

付出的功能是對方不需要的甚至是討厭的，結果就會夫妻漸行漸遠、與孩子不親。阿信式的單方面、一廂情願的犧牲，會讓對方感到壓力，這種犧牲反而會得到背叛，因為對方只好用出軌來找到「出去」的破洞、離開你這個好人的理由。你的付出，對方不稀罕或不以為意，你就該停止付出或少付出，至少讓自己活得輕鬆些。功能錯亂的人，付出很多，但可能得不到感謝，且越努力越被人嫌被討厭。何不放輕鬆，先躺先贏，別讓婚姻太累人。只要你還不想離婚，對方渴望你提供的功能你就該想辦法付出，即使不獲對方的滿意，但對方也會感到你的誠意，至少你盡心了。別再傻傻地自我感覺良好，覺得自己犧牲很大，還開口閉口想邀功。

別用犧牲來邀功

在婚姻裡，你好歹要有一些功能。即使你曾經為家付出犧牲，但人都是健忘的，都是有「有了新仇忘舊恩」的，別指望對方是「一日受恩，終生報恩」的聖人。只要當前你沒有滿足對方，甚至還拖累對方(有病要對方照顧，敗家需要對方提供金錢)，那你就沒什麼資格在婚姻拿主張，或硬要求對方解決你的問題。施展「身份暴力」，主張「你和我結了婚，你就應該……」這一招，已不靈了。傳統婚姻裡會保障這種無功能或製造負擔的人，但現在婚姻自由了，離婚也自由了。

沒有功勞苦勞只有疲勞：長期不滿足的人就會出走或求去

自問：你對對方有何不可或缺的「功能」？若沒有，就不要理直氣壯地要求對方。如果基本需要沒有滿足，原本預期在婚姻裡能得到的功能長期缺失，他(她)就會去外面尋求滿足。舉例：有人只要另一半能在家裡滿足他的「性」，也有人只要對方允許他在家外面找滿足…就一切都不計較。情感情緒沒有被滿足的就會精神出軌，在外找安慰；性生活沒有被滿足的就會肉體出軌，在外找情人或買春；價值觀沒有被滿足的就會在外找知己；生活習慣完全無法共處的就會分居；親友兒女功能沒有被滿足的，就會尋找「外婆」替代者；金錢須求沒有被滿足的就會出外尋求金主……主要功能沒滿足，其它的付出，也是「提籃打水」，「將過抵功」，就會功勞苦勞都沒有，只會非常疲勞。長期對家庭的功能低、貢獻低，就會失勢失寵，很正常。理虧之處多，功能少，就算有一紙婚約也保障不了自己的未來。較勁的關係裡，被勉強的一方，會在時機到了的時候求去，所以在離婚自由的時代裡，離婚率節節升高。婚姻能存活，有千奇百態，但都不奇怪，再奇怪的組合，都是為了「功能」的滿足。

現代婚姻的3大新壓力

自古以來婚姻就是要滿足「功能」，傳統婚姻的壓力還在外，當前還有3大新壓力。婚姻新壓力之1：越是受現代化及都市觀念的洗禮、教育水準高的人，因為對婚姻的期望越高，越在婚姻裡給自己及家人的壓力。

第2個新壓力是，現代人壽命都延長，上個世紀全球人類平均壽命只有45歲，現在活到70、80已常見。不合的人活在漫長的婚姻裡，讓人活得很累，有如長期坐活監。

第3個新壓力是，婚姻裡原有的功能已被服務業取代了不少。古代沒有超商餐廳，女人靠著煮飯燒開水洗衣服幾招就能坐穩寶座；古代女人沒有收入，男人只靠著拿回家用就能做老大。現在呢，滿街解決三餐的服務業，女人賺錢能力不輸給男人，讓彼此互相的需要就減少了。

家家必修&選修的「功能」家家不同

「你家的蜂蜜，可以是我家的毒藥」，人人的需求不同，家家的功能選擇不同。要區分你們家自己的「必修科」與「選修科」功能，確認花園，避開地雷區。人人在乎的東西，是如此地不同。不要用想當然爾的想法去預期。你家的條件，和我家的不同；你們的個性，顯然與我們不同；你家的最大需要，肯定與我家有出入。別家的高分你也不用比較，你家的低分你們也不用氣餒。家家的選修或必修，都在隨著政治、經濟、年齡……等外在及大環境的改變而改變。所以，這裡有一個原則：只要能和和氣氣地地白頭偕老，任何人選定哪科是他們的「必修科」「選修科」，都是每個人的權力及責任，對方最好要配合(不然要怎麼辦呢？繼續衝突下去嗎？)只要婚姻得到「保全」，能走長遠的「山水」之路，我們都該接受家家不同的功能組合。

確認「主要功能」為何

在這10個功能中， 每對夫妻的選擇是不一樣的。生活不是只有花前月下，還有許多功能等待被滿足，而「柴米油鹽醬醋茶」只是其中一項的「金錢共同體」而已。你可以長得不漂亮、不英俊；你可以脾氣不好；你可以出身貧窮；你可以沒有高學歷；但

是，你不能不懂得對方需要的是什麼。條件不好不礙事，這都不會妨礙你/你擁有一個「功能婚姻」。有些人認為婚姻一定要財務好，有些人認為感情好比較重要；有人認為夫妻一定要分享心情與情緒，有人認為不必，少話為宜。有些人認為夫妻一定要協調溝通，有人認為只要人與錢都回來就好，不必講究靈性的那部份。有人追求「共同成長」，但也有人只要「共同上床」就好……別人在乎的可能你無所謂、你堅持要求的其實是別人不在乎的。家家不同，且不同時期可能就會有變動。

不要有錯誤的期望：珍惜已有的功能

我的口頭禪：「錯誤的期望，就會有痛苦的過程，然後必然會有悲慘的結果」。結婚後，已知道雙方的功能何在，就要思考取捨，不要有錯誤的期望，不要期望婚姻能滿足10種功能。7全8美的婚姻會出問題，通常就是以為每個功能都必須高分的誤解，及為此努力而帶來的壓力。夫妻在10大婚姻功能科目中，不可能科科高分，必須有所取捨選修。也不要誤會我說的5個選修科都不要高分，不是的。我當然希望大家10科都滿分，但這就和要求子女每科都滿分一樣，是不合理的。我建議的「選修科」功能高值得慶幸，低分不必難過，也不要再勉強努力，製造挫折及壓力，因為它們是「選修科」而已。不要認為對方在選修科的好表現、所有的一切優點、好處都是理所當然的而不珍惜與感謝。如果對方具備很會賺錢(金錢共同體)、善於應對親友(親友共同體)的功能……、噢，那你是前世燒好香，那都算是多賺到的高額福利，可千萬不要把它們當做理所當然。要懂得珍惜這些使婚姻高分、滿分的幸運選修科，那都是多賺到的，不是理所當然的。千萬不要要求婚姻中的各種功能都要考一百分，強迫彼此要做10種功課的親密夥伴。區別自家的必修與選修功能，接下來，所謂的良性溝通等技術性、策略性的技巧才用得上。要懂得珍惜選修科功能高，全是多賺的，對方和你結婚，是一種對你貢獻功能的承諾及機會，但不該成為對方的枷鎖及壓力。

自掃門前雪，休管他人「嘴上閒話」

婚姻的「品質」可以差些，只要「必修科」、主要功能顧好就好。若你們倆就是沒辦法「共荷包」，那就把「金錢共同體」完全分開。這時肯定有人會笑你們。別管別人取笑你們分得太清楚，你們心裡有數就好：「就因為錢不放在一起，人才勉強在一起。」管別人怎麼想、怎麼講，別理、別管！因為，能把七全八美的婚姻維繫住的人，才是最了不起的人。接受彼此不同的謀生方式、處世態度、理財心態、價值觀……婚姻就不再會使我們窒息。最笨的人，就是計較金錢、事業、親友……的功能缺失，為這些不必高分的選修科搞得勞民傷財又精疲力盡。請學習趨吉避凶、知所取捨，珍惜既有功能的存在，請不要為了不必要的「學科」破壞「感情地基」。

可能你家高功能的地方和別家不一樣，只要你們覺得幸福就好，

別管別人的想法。關起門來，覺得幸福最重要。別人的眼光及評價會影響你的心情，但不影響本質。

婚姻本來就是資源交換的組織

婚姻的真相，就是交換資源來完成「家庭生活」的功能。人要有被利用的價值，互相利用的關係才會長久。若能掌握功能，即使沒有了愛情，家庭照樣能以「功能互補」的形式存續，而把「愛情感情」當做結婚唯一目的的現代人，若沒有其它功能的護持，愛情也遲早不保。能保有愛情功能及其它功能的人，那就是中了頭獎了。婚姻本來就是資源交換的組織，交換的越多，關係就越緊密，靠功能，強過靠愛情。

婚姻本來就是權力對壘較勁的組織

以上我的立論是婚姻裡要活得有「自我」，但現在我要強調說明，這事往往不能實現，原因是，婚姻本來就是一種權力對壘及較勁，本來就有主導與被領導，強勢與弱勢的形勢。婚前是浪漫在主導，請不要訝異，婚後就是權力對壘及較勁出場。婚前，忙著宣誓彼此關係的主權，婚後，一定會要爭取發言主導權。走過由「性」主導的愛情關係，進入由「催產素」主導的親情關係時，婚姻裡要求的就是你有多少讓對方無法離開你的「家庭功能」了。生物的設計，讓荷爾蒙、費洛蒙促使雄性與雌性動物組合成「愛情關係」，接下來上場的就是延續物種的、不以浪漫為主體的「家庭生活」。

功能大小決定誰的聲音大小

當一方是弱勢時，就是會矮一截。形勢比人弱的，關係理虧的，對家裡的經濟沒貢獻，不但沒功能，甚至還拖累對方的話，當然說話就大聲不起來。有一個年輕的暴發戶說：「我有錢，所以我任性！」試問，「有錢」和「任性」有關係嗎？當然有，因為沒錢就得讓別人任性而自己被欺負。別看表面上有許多人在追錢，其實未必是真的愛錢，只是因為「有錢」才能讓他不會被人欺負、不會讓他受委屈沒尊嚴、不會被人強迫做他(她)不願做的事：他只是要自己決定生活怎麼過。而在家裡，出錢多的，付出多的，努力多的人，爭取權力做主張的聲音就會大，也應該大。比如：男方住在女方的家裡，女方帶了前個婚姻的小孩來，有人曾外遇過……會決定家裡誰拿主張，會決定婚姻關係裡的主從。說話大聲，必有其背景及能耐，這就是公平的道理，權力對壘就是功能清算。

功能比例決定婚姻裡的形勢

本來，誰能賺錢就誰多付出，但得情願。若對方覺得理所當然，態度不好口氣不好，一副「你活該」「你是老公(老婆)你就應該把全部的錢拿出來用」，可能你就不願意付出。因為，沒有人喜歡「欠了人」「該了人」的感覺。在我的第1個婚姻裡，表面強勢的我其實一直沒有事業主張權，為了顧全大局，我採取的是隱忍退縮裝啞吧的同時，做人人稱贊的A型女性(Everything for Everybody)。但這種對策對我的身心都很不健康，讓我很不快樂。因而，在我先生過世後的二婚裡，我就勇敢做自己，這次的婚姻裡我是資源較強的一方，我就毫不謙讓地做強勢的主導一方，而我的另一半就得調適，這才是婚姻裡的「公平」。

功能婚姻：互助、合作、湊合的功能。

互助什麼？就是互助得到自己想要的資源；合作什麼？就是合作節省資源；

湊合什麼？就是湊合功能的互補。我在先生因病過世13年後，以73歲高齡二婚，嫁了747飛機退休的機長，人們都認為我嫁了個金龜婿，其實真相是：這是個「湊合、將就」、具有相陪伴、部份功能互補的關係而已。我們都不滿意對方，但都能接受彼此。他不完美理想，我照照鏡子，我也不完美，肯定也不是他的理想對象。我們彼此都有功能不足的「共同體」，我對「中老年人」的二婚，完全不抱「理想」，只求「湊合、將就」、目的就只是「互助、合作、湊合」、但「核心功能」有得到，就很好了。其實，對年輕人而言，「互助、合作、湊合」也是結婚的本質，請參考。

經常在變動的愛人讓你不斷接招

有人問我：「如果家裡的必修科、選修科功能分得那麼清楚、而且是必修科很少，那這個婚姻的交集不就是很少了嗎？」對！這就是現代婚姻、自主個性時代的婚姻趨勢。兩人老是去花園裡，這就是天堂；老是為了愛、為了「我是為你好」而挑戰無法發揮功能的科目，婚姻就是地獄。有些夫妻在孩子的成長期，為了父母的角色而互動得較多，也較能忍耐。等小孩成年了，階段性的功能完成後，就開始各自為政，兩人關係就淡了。這就是一種危機，只忙著做好父母而讓其它功能體長期空轉是不宜的，只靠一個功能體是很危險的。因年紀、個性、環境、工作的變遷，功能需求一定會變化，你們家的「必修科」「選修科」功能會時不時地調整。所以，這「湊合、將就」的功課，還得與時俱進，不斷調適。即使你沒變，但是對方變了，他(她)出招了你只能接招，他是活的，你也是活的，世事恒變，經常在變動的愛人讓你不斷接招，你就得接招，要階段性調整你們家的10大功能共同體。對方必須與時俱進，跟進對方的變化。本來對太太非常凶暴的丈夫，中風後因為要靠太太的照顧而變得好脾氣了，因為太太對他的必要功能已改變了；原本對丈夫百依百順的嬌妻，在先生破產後馬上突變成惡婆娘。在自己的「需求」及期待的「功能」已改變，而配偶無法滿足自己，且嚴重到影響生活品質及心情時，就會要求「離開」，這就是「離婚」的根本原因，而非「愛不愛」這樣膚淺表相的原因。不是「不愛」而讓關係分裂，是功能缺失造成「不愛」了，這才是因果關係。

人生的追求：「照自己的意思」生活

有人在追利求名，有人在做公益慈善，這些不同目標的背後動力都一樣，都是在奮力過想要過「自己想過」的生活。什麼是「自在」婚姻？就是每個人的「自己」能「在」這個婚姻裡，而不是被一個獨裁的人在結婚後重新規定日子怎麼過。為了家庭，雙方都得調適出有點不自由，但都能活得「自在」的新生活。在婚姻裡「情緒」「生活習慣」「價值觀」這幾個功能有嚴重衝突的人，就是因為他們「想過的日子」非常的不同而無法調適出共處相容之道。「照自己的意思」生活是人生的終極目標，若無法在社會上實現，最終的「烏托邦」就在家庭裡，若在家庭裡也無法實現的話，他就不想留在家裡，因為家庭是「自在」的最後城堡。每個人奮鬥一生，都不過是在努力「追求能照自己的意思來過生活」而已。每個人都有權利與權力「照自己的意思」生活，每個人一生的努力就是在維護這個人權。婚姻和所有社會組織一樣，是資源互補、權力分配、實現理想的組織。「欲吹南風、先開北窗」，想在婚姻裡主導，就要以「功能」爭取「發言權」。

婚姻的消極面：不去引爆地雷，不要成為阻擋對方快樂的人

婚姻的積極面，要對對方有功能；消極面，至少不要成為阻擋對

方快樂的人，不要讓對方無法過自己想過的日子。只要你讓對方不開心，他(她)也會讓你不開心；你否定我，我就也否定你；人人想過自己想過的日子，若對方沒有幫助自己如願，還阻礙自己「自行解決」？那麼，誰阻擋他，他就討厭誰，逃避誰。人人都有「照自己的意思」生活的本能，大人是如此，連小孩都不例外。即使是靠你生活的小孩，只要你不讓他做他愛做的事，他就會恨你。婚姻不合，兒女不親，都源自於此。誰阻止一個人找快樂，誰就會被討厭。只要當事者沒放棄找快樂的念頭，任何人想要去強迫他改他的習慣或作息的話，他都會討厭、抗拒對方，即使你是對他(她)她恩重如山的父母或配偶。人的一生，所有的追求，就是「過自己想過的生活」。在婚姻裡更是如此，以「我是為你(家)好」為理由而阻止對方做愛做的事、滿足他需要的功能時，他(她)就會選擇「離開你」。

不引爆地雷：分開「公領域」與「私領域」

人各有志，人人的「習慣」不同，無關對錯，就是沒法改、很難改。此事談不上「上尊下卑」的「包容」，而是有什麼事就得聽誰的，找到平衡及默契就是雙方的功課。舉例，我目前的婚姻裡飲食就是一國兩治，我不喝茶不喝酒不吃辣，但我二婚的四川籍丈夫愛喝茶愛喝酒吃超辣。婚後我繼續只喝白開水、不喝茶不喝酒不吃辣，而他繼續喝茶喝酒吃辣，我做的菜平淡無味，他就自己去「加工」，且家裡有許多辣油辣醬。「一國兩治」，不同的飲食系統毫無障礙。他愛吃加工食品，我盡量不吃包裝裡的東西，他買他的包裝零食他吃他的「食品」，我買蔬果打汁自己喝「生鮮」。我不逼他戒茶酒辣，他也不可強迫我喝茶酒吃重辣。但是，關於使用浴室的乾溼分離，及家裡公共空間的整潔及秩序，我就毫不通融。即，一國可以兩治，「公領域」要有共識，各人要有各人的「私領域」，可隨其髒亂，另一方就要視而不見。人人都要有自己的舒適區，最好的方式是有大家都要遵守規則的公領域，又有自己做決定的私領域。

一國可以兩治：不同不等於不對

何處是地雷區是明講的，對方不要去引爆衝突。主導要有合理性，若是難以理解的、不合常理的「標準」太多，就造成求好心切的「嫌」妻「涼」母「嚴」夫，讓家人戰戰兢兢地過日子。家裡本來就沒有大事，天下可無事，沒事別找事就好。相愛的人為何竟會難相處？我經歷過中年婚姻後，突然明白一個道理，我們和世界上的任何一個人產生衝突，都不過是因為對方不認同、不允許、不支持自己想過的生活而已。講一句話就被打槍，做一件事就被指正，一點小事就抬槓，為外人的事都要吵架……所有的不愉快、誤解都因此繼續產生。婚姻的積極面是滿足對方需要的功能，偏偏很多人自己不提供功能，還阻止對方「自力救濟」，還橫加阻擾。我們只能接受不同、停止批判，因為：不同不等於不對！求同存異，不合而和。

不要成為對方的負擔

最糟的人是沒有貢獻，不允許對方另尋解方，同時還以窮困、生病、壞脾氣、懶惰……來干擾、折磨、拖累對方。對方會自問：值得忍耐你嗎？會有雲開月明的時候？用同樣錯誤的期待及方法，不會雲開月明，只會更壞，用同樣的、傳統的態度去看待婚姻，你只會繼續同樣性質與品質的關係。除非改變期望及方法，不然結果不會變。人的努力就是「過自己想過的生活」，如果想要對方付出的功能得不到，自己想辦法自己讓自己快樂的行動被牽制或制止，那麼，這個人就遲早會想要離開這個婚姻，婚姻的死亡只是時間和方式而已。

現代人「不婚主義」的原因

人人都會為「照自己的意思」生活而奮鬥，為了婚姻而不能照自己的意思過活？天天要管著對方，或被對方管著？婚姻就不好玩了、就成為壓力而非動力了。無法在社會上「照自己的意思」工作，至少想在家庭裡「照自己的意思」生活，如果連在家庭都無法「照自己的意思」生活，那真是「生無可趣」了。因為婚姻角色而不能照自己的意思生活(被配偶或長輩強迫、或是自己強迫自己)，就是有些現代人為何不想結婚、甚至寧可離婚的原因，人人都怕婚後不自由，人人都不喜歡活在不自在的關係裡。在現代社會裡，同居的人是想試試合不合得來，離婚的人是已驗證合不

來，目前這兩者都越來越多。

別因小失大：別讓小爆炸鑄成大傷口

《功能婚姻》剖析了10大共同體的功能，我建議了5個必修科，5門選修科。把婚姻解剖到這裡，你也許會感慨，浪漫的氣氛太少，但是，《功能婚姻》的本質，才是問題根源，才能幫助我們知所防範、帶給彼此幸福。要預知地雷區及花園區。在婚前，一切都要承擔，一切都肯接受，因為熱戀期3個月的當下心中的唯一念頭是：只要對方願意跟自己結婚。「結婚」這個名詞就是婚姻真相：要昏了頭的人才會要去結婚。於是，對方的壞脾氣、不良財務、甚至是壞身體、壞習慣……都不去查證、也不想知道了。等到婚後，過了13個月的愛情保鮮期，哪裡是「地雷區」「花園區」就謎底揭曉了，對方的「無作為、無功能」就讓你感覺上當了。曾經的甜言蜜語，婚後有一天突然就不願再說了，一旦上演「默片」，想要對方打開話閘子就難了。「哪壺不開提哪壺」、「彼此協助互相傷害」的功能越來越強，幸福感的消失，是婚姻的重傷，而起因為何，往往都是小事造成的因小失大。

不要因小事小功能而傷了根本

為什麼家事總是有理說不清？我常問婚姻不合的人：「你仔細想想，一開始是什麼事讓戀愛成功的你們，現在如此無法相容？」

結果，對方想了老半天，竟然通常回答：「我也想不起來了。」可見，不合的開始，常常並非大事。但因此不良關係為何總是越來越壞，不合的主軸老是在糾纏不散，就因為婚姻功能很複雜，日子久了，小事會發酵成大傷疤，帶來大影響，因為人際關係有「蝴蝶效應」。小事會成為婚姻人的要害，只因為太在乎彼此，以至於任何一件小行為都可能會被放大，被記恨數十年。只因為小事沒有化解，小錯被一再擴大及提起，最後，有些功能長期缺失，且因失望而常常成為地雷區。當事人不知輕重，老是去地雷區引爆地雷，結果，左一個小傷口，右一個新傷口，竟連接混成一團。到最後，新舊老疤疊積在一起，成了一個巨大的、沒法醫、查不出起因、也沒法割除的不可逆腫瘤。原因已渾沌，糾成一團，正如毛病多的人，吃各種的藥多到出現副作用，最後往往就死於併發症，而非原來的初始病源。

沒有假釋的婚姻讓傷口變得巨大

凡走過必留下痕跡，凡傷過必留下怨怪。外人得罪你，你會忘記；自己人得罪你，你會記一輩子，這就是婚姻難搞的原因：夫妻很難原諒對方做錯了的、得罪過自己的事。沒辦法，因為你在乎對方。如果是法庭判刑，在服過刑或是繳了罰款後，一切可以重新開始，社會都會給他更生的機會。但在婚姻裡，得理不饒人的「法官」，卻常不給對方第二次機會，只要一有不愉快，當年的那件要害，就常常出場、並且被再次審判一次二次……上百

次，數十年沒完沒了地，直到有人受不了而決定離開這個婚姻。這些讓人抓狂的原因，常常並非什麼十惡不赦的大事，都只是這10個共同體的其中幾項功能缺失而已。所以，你家的地雷區是那幾科？趁早弄清楚。聰明人，別讓重複小爆炸累積一層層痂，最後造成大又頑固的傷口。得理不饒人，沒有假釋的婚姻關係，會讓傷口變得巨大。

為你的婚姻打「總成績」：自己決定「必修科」與「選修科」

光是有愛的力量還是不夠的。愛心、耐心、恆心……真的是不夠的。《功能婚姻》把婚姻當做一個西瓜，對半一切：一邊是必修科，一邊是選修科。然後，再二剖、三剖，把它剖成10塊功能來逐個分析，讓我們能逐個品嚐它們的美味，並吐得掉瓜子。有先見之明，才會事半功倍。事後才發現地雷區，就要放棄要求功能。確認哪些是「必修科」，就只能「選修」、「旁聽」，甚至「翹課」、「當掉」。確認哪裡可以打折扣，可以有瑕疵；哪些是當務之急、必須求全求善，容不得任何砂子？在哪裡加分？在哪裡扣分？只要婚姻的「總成績」是及格的，你們就要偷笑了。世上沒有一切都高分的婚姻，如果你明白世上沒有這樣的婚姻，就能決定，不要「人為地」草率把「還有些功能的婚姻」毀掉，千萬別任性離婚。婚姻功能表，不會全是零分的，留下它、復建它是值得的。就像你當初在學校裡也有考得很爛的學科，但，最後你還是能畢業。不要見樹不見林，只見到不滿意的共同體，而忘了功能高分的共同體帶給你的幸福。要為你的婚姻打「總成績」，不要盯著單科分數而計較。再次強調：我設定的「必修科」與「選修科」只是建議，家家狀況不同，你們的婚姻，應該自有主張，自己決定「必修科」與「選修科」的功能分類。

不求完美，但求完整

天下婚姻沒有10全10美的完美婚姻，最多只有7全8美或5全6美的完整婚姻，而這樣也就不錯了。正如同你沒有完美的健康、但你也活到了高齢；你沒有理想的工作事業，但你也做到了拿退休金。完整的家庭，至少是因為具備了起碼的功能，能照顧雙方的穩定生活及下一代的健全成長，也是對社會的一種貢獻。好歹發揮一些功能，避免喪偶式婚姻。

顧好《婚姻3昧》和《婚姻3合土》就好

婚前，照著《婚姻3合土》、即兩人的價值觀、審美觀及生活習慣來選對象。婚後，只要能顧好不可打折扣的「婚姻3昧」這3件事就好。1，那張睡覺的眠床(情感及性生活共同體)；2，那張餐桌(生活習慣共同體)；3，照顧彼此共同的子女(親子共同體)；其它功能都「當掉」也沒關係，因為這3者就已經涵蓋了《功能婚姻》的5大必修功能共同體。若這3件事不是共同的，都已沒

功能，那這夫妻關係已是形式而已。我再次強調，就算形式婚姻也比破裂婚姻好，總比冷漠家庭、分手夫妻、破裂家庭、打官司婚姻來得好啊。因為，有朝一日，在山水路上，只要你們活得夠久，誰也不能說，死灰不能復燃啊？！留得青山在，不怕沒柴燒，或許其它的功能的存續，能讓你們敗部復活。很多年輕時像仇人的夫妻，到老了在一起像恩人呢。雙方能掌握、完成這3項共同體的功能，你們就算是盡到了配偶的本份，婚姻就算及格，其它的，就不要苛求對方吧。

停止在婚姻裡忍耐

我反對為婚姻忍耐、不認同人生要犧牲，現代人有幸有機會過得更幸福，我們要找到新的方法來追求幸福。我一直覺得以「溝通、商量、了解、忍耐、包容」這些招式是很累的，也無效的。大部份的婚姻理論是要你瞭解、溝通、識大體。要你忍耐！要你吞忍！但，人生不是來找痛苦與忍耐的，婚姻沒那麼偉大，不該讓我們為它如此改變個性、犧牲快樂。其實，把《前言》讀透看懂的人，應該就能把握「功能」的概念，本書後面的就不用看了。只要對方好歹有滿足你(妳)的必要、一定需要的「功能」，你就該厚道地不再計較其它的功能。你不能「愛其長，嫌其短」，貪心地的什麼都要，因為世上沒有完全功能的完全配偶。也要自己省思：自己有提供對方需要的「必要功能」嗎？做到了投其所好嗎？若沒有，說話就不要太大聲吧。

有選擇，要負責：自主婚姻應該要幸福

擺脫了傳統媒妁之約的現代人，自我選擇對象了，就應該要比古代人幸福，只要明白《功能婚姻》的本質，把婚姻「解剖」成10個功能的「必修科」&「選修科」，已婚者就能頓悟問題出在哪兒，而擇偶的人也能趨吉避凶。知道哪裡是花園或地雷區，知道哪些科目別指望對方有功能，就避開或不指望，你們就沒事了。只要你家明白取捨，懂得分配精力及需求，接受能有某些功能，但就要覺悟有些功能你這輩子在對方的身上就是得不到，覺悟了，就停止指望與怨恨，就不必為了科科高分而疲於奔命了。

戰爭繼續，就是勝利：婚姻持續，就是成功

每個婚姻都有一張高高低低、 時時會變化的成績單。能夠高分當然最好，但是，就算不及格或是無法畢業也無妨，因為，只要雙方沒有走到離婚蓋章的那一步，可愛的婚姻就還是有其存在價值。我保證世上沒有完美的婚姻，但有走完全程的原配夫妻，若有這樣完整的家庭你就要偷笑了，就要想辦法繼續保有「功能」並盡可能地雙方都「照自己的意思過日子」。功能越多越好，對婚姻的保單就多，說話就可以越大聲。「老兵不死，只要戰爭繼續就是勝利」，我們不要繼續戰爭，但需要延續婚姻。這樣的「黑色笑話」，希望高智慧的人能體會。過不去的婚姻，碰來碰去都是問題；想得通、放得下的男女，看得清並珍惜既有「功

能」的人，怎樣都感到幸福。少一點浪漫，多一些務實與功能，才能多一點幸福。人是現實的，人人有離苦得樂的本能，別想靠愛情過一生。這10個完全不同、南轅北轍的、有抽象也很俗氣的共同體，就是「浪漫愛」最終要做的功課。想要恩愛偕老，這些就是無法逃避的功課。好消息是，也只有這些功課而已。祝福看了這本書的智慧讀者，從此以後你們的《功能婚姻》，一切都變得簡單與有功能。

功能 1

情感共同體

必修科

人生需要的營養有哪些？

我常問人這個問題：「營養分有哪幾種？」最常見的答案是「肉魚豆蛋奶」，哈哈，這是誤把「蛋白質」當做所有的營養了；第2種是「蛋白質、澱粉、脂肪……」，對，這是西方營養學設定的營養清單。但我認為，人生在世，真正的必要營養還包括更重要的「空氣」、「水」、「知識」及「情感」。欠缺「空氣」、「水」的話人馬上就會死，欠缺「知識」及「情感」就會活得不健康，不圓滿。我認定「情感」是人生的必要營養之一，所以婚姻就是讓我們人生得到重要營養的一個機構。人生需要的營養不只是食物，還有「情感」。

古人「把愛情、感情放兩邊，現實擺中間」

在古代，婚姻真的是一個人「生存」的單位。古人因媒妁之言而被亂點鴛鴦譜，真是可憐，完全沒有感情，就得和從沒見面的人上床生小孩，男的即使不喜歡這女的照樣要供養對方、女人討厭男方也得乖乖為對方做飯生子洗臭襪子。傳統婚姻，是為了名份、生活、財產和傳宗接代，可以完全沒有感情基礎。天哪！幾千年來都是這樣，男女雙方都沒有自由意志，由父母、媒婆決定自己的一生？！但是沒辦法，為了生存與生活，為了長期飯票(長期營養券)與終生佣人，就「把愛情、感情放兩邊，現實擺中間」了。慶幸到了今日，我們終於活在情感自由、愛情選擇的時

代，可以情投意合才「共結連理」。

結婚的理由就是婚後的「必要功能」

時代不同了！現代男女，只要能夠自己養活自己（男女皆可就業），就不必再為了長期飯票、或為了現實生活而結婚；只要能自己照顧自己（餐飲洗滌設備超商及情色服務業都很發達），就不必再為了三餐及生活起居而結婚；只要能自己滿足自己（無論是性生活或心靈生活，都市裡網路裡都有很多管道可以幫你滿足），不必再「為了喝牛奶，必須養一頭牛在家裡」……現代人，不用去想「若沒婆家就等於孤魂野鬼，死後沒有祠堂可進」，也不會因為「沒有子嗣而無法見容於家族與社會」。單身不婚，甚至已婚卻不打算生小孩，傳統加諸於這些行為的壓力也愈來愈輕。在這種情形下，若不是因為感情，現代人，是不用結婚的。於是，結婚的目的為何？想要滿足的功能為何，就會決定你選擇和哪種人結婚，及婚後哪些功能共同體是「必修科」了。

找到願意「為對方洗臭襪子」的理由才會結婚

單身不婚，甚至已婚卻不打算生小孩的人越來越多，因為風氣的開放，「男大當婚女大當嫁」的社會壓力也愈來愈低。除非發生了令人頭「昏」的「愛情」，現代人才願意走入可能增加麻煩或負擔的「婚姻」。試問，若不是為了「感情」，還有誰願意走入家庭，維繫婚姻，把薪水拿出來一起用，為對方洗臭襪子或付醫藥費呢？若沒有感情，何必這樣做？一個人過，也可以很好，不用面對岳父母、公婆、兒女、姑嫂妯娌姻親、兩家以前及未來的問題。若沒有充份理由，現代人何必要結婚？於是，感情，決定了現代婚姻的出現！

現代男女贏得對方的法寶：感情

情感，是談戀愛與組織家庭的基本元素。在茫茫人海中，彼此相遇又彼此相愛相許，這是多麼寶貴的緣份。我們有幸生在這個時代，才真的只為「感情」而結婚。近來有許多男士向我訴苦，抱怨現代的女人都太強勢了，在談戀愛、或結婚後常令他們倍感壓力。當然，我也反對「女強人」的高壓和「大女人」「女漢子」的氣燄；但是，我也要提醒對女人強勢有反感的現代男人：是否要及早自覺呢。就因為現代女人可以不圖男人什麼而不必示弱，這時候，男人唯一可以感動女人的，除了「感情」還有什麼法寶呢？

唯有感情能打動現代人心+維繫婚姻

現代男性如果不用心用情，全心全意地愛意相待，忠貞甜蜜地做個「暖男」，如何能贏得現代女人的合作與肯定呢？所以，我常說，純靠錢財勢力來娶得好妻子的時代已經過去了。就算一開始有很好的現實條件，若沒能讓女人得到她需要的「功能」滿足，

這個婚姻遲早是會出現問題的，且是女人求去。當代離婚，有很高比例是女人的意願，而非被男人將軍。不需要長期飯票的女人，如果沒有「愛情」，如何會產生結婚及維持婚姻的意願呢？同樣的，生活起居都很方便的男人，若不是為了「愛情」，他又何必甘心情願結婚而被約束呢？我們看到婚友節目裡，有這樣的女孩，知道對方有房有車有金子之後，公開地說：「我現在就可以跟你走。」「我寧願在寶馬裡哭，也不願在腳踏車上笑。」也有少數地區的婚姻是在同居後女方能懷孕才辦婚事……但絕大多數的現代人，至少在文明程度高的城市裡，純粹只靠錢財勢力或惡勢力來嫁到好男子、娶得好妻子的時代已經過去了。若不是因為「愛情」，生活起居都很方便的男人與女人，有誰能騙得了他進入「圍城」呢？

別說你對婚姻沒有「情感」的期望

有人是因為「別人都結婚了、到了年齡了……」，並非是因為有感情而也去結了婚。有趣的是，「為了結婚而結婚」、沒有情感也願意結婚的婚姻也可以不錯呢。原因：原本對婚姻就沒有什麼期望，沒有期望就沒有失望，所以婚後反而沒有失落感。糟的是，人就是這樣，事前認為「只要能結婚」就好，有些人結了婚後，依然出現對婚姻產生的期望。所以，別說你對婚姻不會有期望，是人，就會有期望。婚前不計較，婚後再挑剔，就自找麻煩了。我的意思是，不可以「婚前不要求，結了婚後再要求」，那就強人所難了。

珍惜時代賜與，好好談戀愛與結婚吧

能夠以「感情」來自主選擇，是我們的福氣，我們理當珍惜。我的意思是，好不容易我們能活在「自主婚姻」的時代裡，老天爺給我們這麼好的禮物，為什麼不好好善用機會？想想仍有許多國度，是不允許自由戀愛與自主婚姻的，所以我們就該精彩地談戀愛，即使會失敗也要多談戀愛、要負責地為自己找配偶(即使會痛苦)。要承認自己對感情有期望，要用7挑8選的耐心，好好的照著自己的期望去尋找屬於自己的好男人好女人。婚後，既然是自己的選擇，當然就要「有選擇，要負責」。

「背叛」就是犯天條：「不忠貞」是現代婚姻的最大禁忌

所以，現代婚姻最基礎、也最重要的功能，就是「情感共同體」。很多男人不自覺，時代已不同了，「不忠貞」就是現代婚姻的最大禁忌。在古代的制度下，男人可以三妻四妾，女人得三從四德，而我們已進入一夫一妻婚姻法、有人權、離婚可以分財產的現代了，如果在感情上不能忠貞，不能滿足對方要求的溫情需求，就是破壞了婚姻的根本，其它的優勢？也就不算是優勢了。對什麼都不缺、各種功能自備滿足能力的現代女人而言，男

方情感的背叛就是絕對不可饒恕的犯天條，這就是當前離婚、女方主張離婚的比例節節升高的原因之一。凡是決定要走入婚姻的現代人，就等於是彼此發下誓言：「此生後半輩子，要與對方忠貞共守情感的共同體」，要具備滿足對方情感須求的「功能」，若違背了這一個共同體的承諾，那你又何必結婚呢？你當初就不該、不必結婚。「情感」與「忠貞」成為現代婚姻的「必修科」，許多被「休」的男人很困惑，為何自己沒有犯什麼大錯卻被要求「出局」，就是沒明白，沒有感情功能的男人，就會被不再忍耐的女人請「出局」。

自由戀愛證實了「感情的不可靠」

古今中外人類歷史中，男女關係及家庭組織從來不曾像現在這樣自由、可以完全由個人及情感來做決定，但荒謬的是，自主婚姻的離婚率也節節高升，說明的是：我們擺脫了傳統的、現實的、封建的束縛後，誤以為靠著「感情自主的選擇」就能得到幸福，結果，證實了「感情的不可靠」，這真是令人驚訝與遺憾。且看離婚率這麼高，古代只有七出，也根本沒有離婚的自由與權力。似乎自由戀愛、自主選擇並沒有讓我們得到幸福，但真正的原因很簡單、古代婚姻是靠社會制度及家族壓力而白頭偕老的，而非古代婚姻比我們幸福。而現代婚姻的維護，得靠雙方的意願及自由意志，是憑感情才結婚、才維護婚姻的。

總之，現代人真幸福，不再被婚妁之言決定命運，可以先友後婚，有機會找到了自己喜歡的人才走進婚姻；但現代人也真不幸，一旦失去了「情感功能」，婚姻就拆夥了。

沒有感情功能的「形式婚姻、掛名夫妻、僵屍家庭、腦死關係、喪偶式婚姻」

人是會變的，當一方的「需求」及期待的「功能」已改變時，若另一方配偶沒跟上，此時此方還能留守「原配婚姻」的話，就是厚道的人。但這種婚姻往往成為沒有愛情、激情的「形式婚姻、掛名夫妻、僵屍家庭、腦死關係」，日子就只是搭伙過日子、雙方成為各過各的、最熟悉的「陌生人」而已。與此同時，失去「情感」功能滿足的中老年夫妻，各自有「外」婆、「小三」、「紅粉知己」、「男性閨蜜」「公開情人」，也就不必驚訝了。當然，也有因為10個功能裡，還存在著一些必要的功能，而彼此繼續掛靠在一起，沒有了感情的關係，照樣也能白頭偕老的。但沒有感情基礎的關係，就像是秋天，關係遲早會涼的。

不要讓「情感功能」缺席

既然感情是現代婚姻產生的原因，理論上，我們可以預期，現代婚姻應該是人人幸福的。幸福的現代自主婚姻者，應朝這個方面走，才不辜負時代的賜予。所以，我們的當務之急，就是看清楚婚姻的10大功能，搞清楚自己對另一方的功能何在，缺失何在。

每一對夫妻一定都有不能碰、碰了鐵定爆炸的地雷區，但是，地雷區只要不去點火，也能相安無事一輩子。自由戀愛證實了「感情的不可靠」，我們要明白「感情共同體」的必要與脆弱，請好自為之，勿掉輕心，不可讓「情感功能」缺席。只要這個必要功能還在，即使彼此有許多地雷區，一樣可以幸福而白頭偕老。保有感情的功能，夫妻都有責。富變窮，美變醜，沒關係，關係仍可以繼續，但感情由「有」變「沒有」的話，那關係就空了。不願意甜言蜜語？不滿足對方情欲需求？就等著關係破局。我看過許多歷經坎坷磨難的婚姻，之所以能堅持存活，應該是「情感功能」還在。情感共同體，是必修科，是必要功能，不能缺席。

不要讓其它非感情的「功能體」破壞「情感功能」

「情感共同體」是現代婚姻開始的原因，但是為何很難保得住呢？因為，在天天見面、一結婚就面對許多不同需求的親密關係裡，其它的9個功能很難讓雙方都滿意，結果，必修科或選修科，就開始不斷地傷害婚姻的最根本地基：「愛情」與「感情」。對現代自主婚姻而言，情感共同體本來是不須要努力、最不須要擔心、本來就存在的，它之所以會成為問題，往往是因為其它的「功能共同體」出了問題、其它非感情因素的功能出了問題，長期惡化及擴大後回過頭來，就傷害了最原始的婚姻關係地基：感情。我知道我說的是廢話，但是還是不得不「溫馨提示」：不要讓其它非感情的「功能共同體」出問題而破壞「情感功能」。

別讓別的地雷區傷害必要的感情功能

感情，是現代婚姻的原始元素，當「愛情」是「婚姻關係」的原因時，它就成為必要的條件了。除了少數還有封建婚姻、階級制度、男女嚴重不平等、搶婚習俗的地方，大部份能閱讀這本書的人，知識及能力都有相當的水平，原則上都是擁有自由戀愛機會的人。有感情才結婚，但是，我們常讓別的地雷區傷害感情共同體而不自覺。喜歡一個人可能沒理由，但討厭一個人一定有理由。比如：因為財務危機兩人停止情感交流。比如：因為婆媳或家教問題雙方鬧翻臉。比如：有人生病拖累對方到無法負荷的程度……結果，感情愛情禁不起考驗而消逝了。在婚姻裡互相傷害的夫妻，未必是不夠相愛，但我敢肯定的是不夠聰明，不懂得必要功能和選修科的區別。人與人之間彼此喜歡，沒任何理由，而由喜歡變成不喜歡，必定有具體理由。愛一個人容易，不愛更容易。最基本、最重要的是「情感共同體」，因為這個共同體最容易維持，因為它是本來就存在的地基，我們只要不讓其它的共同體來傷害它就好。

動之以情：「情感共同體」陪你面對山水

別喪失在婚姻裡的「必要功能」，不要讓其他的功能共同體傷害了最根本的情感共同體。我訪談過許多能白頭到老的元配夫妻，得到的結論是，沒有誰會全都對、一直對的，誰都可能犯錯或得

罪對方，而最後能迴轉、能回頭的招式，都是「動之以情」。示個弱，低個頭，道個歉，撒個嬌……裝可愛，扮從前……再大的問題與衝突，只要「念舊情」的感覺出現，什麼都可以原諒及商量。為婚姻曾經做為戰友，就會有同志情誼，光是靠回憶就足以對抗所有的衝突。「地基」在，有什麼風吹雨打，可以很快重建，房子破點髒點舊點沒關係；但若「地基」流失，就算高樓大廈，也隨時會崩塌。有人名成利就卻與家人同床異夢，便是因為「選修科」功能高分，但「感情必修科」反而當掉了。最怕的是，忙於計較、追求根本得不到的「功能」，堅持要經營其他根本很難「共有」的共同體，久而久之，在衝突和挫折的交相攻伐之下，「愛情地基」被侵蝕，繼而動搖了「家」本，旦旦而伐之的結果，羅密歐與茱莉葉很快地就會遍體鱗傷，變成怨夫怨婦；而蓋在上面的房子就有危機了。感情付出會消耗巨大的能量，真愛通常都會全給了初戀及第一個婚姻，沒有一個人在結婚時不是認真的，所以要珍惜。珍惜「情感共同體」的存在，它會陪你們走起起伏伏的婚姻山水。

不可輕言離異，不要否定角色功能

「妳嫁了我，妳很幸福；我娶了你，我很幸福」的感覺，能克服日後的風雨，所以只要開口說：「分手吧」「離婚就離婚」「我隨時可以簽字」……就是重創「情感功能」。但只要說「我後悔嫁了娶了你」「早知道我就……」「我瞎了眼才會選了你」，就是否決掉了「情感功能」，取消了自己的角色。行為上的背叛，語言上的否定，有過的傷痕，有人願原諒，有人就是不願妥協。只要「情感共同體」保住了，任何婚姻危機都可以克服，就怕早已不再相愛，別的也就只是形式和多餘了。能一直保有感情共同體的婚姻，才是幸福。若9科都低分，只剩個「情感共同體」的功能還在，這個婚姻就還在，因為本質和地基還在。凡物都是越分越少，唯有愛、智慧與快樂是越分越多，停止分享，這個婚姻就是精神上的死亡。曾經，想送你的人，有道是：東南西北都順路；想見你的人，24小時都有空；真正想要給你東西的人，根本不會問你要不要……10句你去嗎？不如一句跟我走；百句你要嗎？不如一句你拿着；千句你沒事吧？不如一句有我在；萬句我愛你，不如一句我懂你……婚姻裡要的就是這種「一心一意、全心全意」的人，這份「感情」的感覺不可以丟失。

情感功能有需求的人道出路

世上沒「不過期的愛情」，「易求無價寶，難得有情郎」，對男人也一樣，「難得有情女」也是他們的遺憾。以前的女人只能忍受丈夫的尋花問柳，現在的女人眼裡容不了一顆砂子，男人犯了「每個男人都會犯的錯」的天條？女人不會姑息養奸，會不依不饒、窮追猛打，最後鬧到男人會被「一出」(不必七出，一出就拍板定案)。自古男人理直氣壯有妻妾，女人只能被迫接受。現代女人願為「精神潔癖」付代價，男人即使是精神出軌也拒絕忍

受。現代女人若不指望男人給自己名或利的話，要一個老公，唯一目的就是要得到「情欲」的滿足，若沒有這個功能的男人，就別想繼續「齊人驕其妻妾」，或施行家暴想要女人就範，遲早會被「一振」出局。欠錢可以找人代還，欠情無人能替。愛情的人不可能變成友情，也不該變成友情，愛情變質後會成為仇人、敵人。古人「娶妻忙一天，娶妾忙一世」，現代人只要有財力，離婚幾次也沒事。當前「小三」已除罪化了，這應該是過去的「恐龍法官」已覺悟了、懂得了：在婚姻裡沒有感情功能時，人就有權利自力救濟，肯定會向外追求滿足。我個人的認知，只要顧家養兒女的大老婆不吵不鬧，在能力範圍內，出軌的男人是選擇「兼顧」的，因為他外遇的原因，也是要「解決需求」而已。而女人出軌，多半是吃了秤砣鐵了心、不會回頭的。關於出軌，在家外尋求「功能的滿足」，法律不追殺，不過問，就是兼顧人道。中年危機之一，就是借移情別戀、出軌尋找存在感。長生不老藥世間無，但戀愛就是一種最強效的春藥，這都是人道的需求。

婚姻最終的昇華：由愛情到恩情

網路上有個笑話，人老了，就是西遊記：頭禿了如唐僧，肚子胖了如豬八戒……離西方不遠了。若換成婚姻，人老了，頭禿了如唐僧入定不再有「性生活」，肚子胖了指數高了如豬八戒有文明病，……離婚姻這堂課「畢業」的日子不遠了。有時候，婚姻的最後樣貌，就有如股份制婚姻。婚姻的最終命運：不管有多恩愛，若有人因健康不佳或意外而離開世界了，婚姻也就消失了，這就是婚姻能相處多久的命運因素。畢業之前，在天長地久的婚姻裡，只有能讓關係存續的「不停止的調適」，調適雙方會改變的需求(功能)的因應之道。沒有一勞永逸的對策，只有不停的調適。調適不好，功能不彰的話，一定會「有情變無情」，是因為彼此感覺到「婚變」，感覺變了，功能沒了。最後，再圓滿的婚姻，往往是藉著昇華到友情、恩情、義情，走入哲學、甚至類似宗教情境，演出的是倫理片或宗教片才能牽手走到最後。

功能 2

情緒共同體

必修科

「情緒功能共同體」是「必修科」還是「選修科」？

必修的功能科，是「情感共同體，情緒共同體，生活習慣共同體，性生活共同體，子女共同體」這5個。談完了現代婚姻的第一個功能、也就是大部份現代婚姻必定要有的地基：「感情功能」之後，本來我設定的第2個必修科是「生活習慣共同體」。但！掙扎糾結了好幾年，最後還是決定把曾設定為選修科的「情緒共同體」改為「必修科」。為何它曾為「選修科」？是因為明白「情緒共同體」要過關、要高分的難度真的、真的、真的太高了。情緒「不合」的要能「合」？真的太難了！所以曾一度改為選修。但是，鑑於它實在茲事體大，殺傷力及關鍵影響力會決定婚姻品質及存亡，最後，深度思考後，還是把它改了回來，列為「必修科」。我想，再難也要把它修成正果吧？對，結了婚，「情感好」之外，「情緒」也得解決。「情緒」不好？哎，「情感好」也是沒有用的。

請全國廣播：「情感」不等於「情緒」

「情感功能 」是現代婚姻的起源，若它不被破壞，是根本不用努力的一門功課，因為，這世界上誰不喜歡有個愛人？愛上一個人，是動物的本能；想要和這個自己喜歡的人廝守終生，彼此相依相靠，更是文明人社會人的生存所需。但是，一結婚，「情感共同體」的最大敵人、最高挑戰就出現了，它就是傷害情感的

第一個殺手、就是結婚後兩人必需要相處在一起的「情緒共同體」。在婚姻裡互相傷害的夫妻，就是不明白：「情感」不等於「情緒」。提醒所有的新婚者要有所警覺 ： 別讓「情緒」傷害了最根本的地基：「情感」。

戀愛期、蜜月期靠愛情就能存活

為什麼要結婚？就因為覺得全宇宙之中，有一個人可以和你心靈相通，可以與你共悲共喜、甚至你願意與他共生共死……這些須求，在談戀愛的「高燒期」絕對是可以感受到的。情人可以為你淋雨通宵，愛人可以為你坐火車800里只為能來相見2小時，「你的過去我沒辦法參與，但你的未來一定永遠有我」「希望能和你一起變老」「想要有個家，讓我們結婚吧」「讓我這輩子捧著你的名字在手心取暖」……哇！太美了！相戀過程，越艱苦越覺得幸福！人人都是瓊瑤小說裡的男女主角，追求「天下有情人共成眷屬」之後，彼此牽手為彼此對抗全世界！噢，太美了，太棒了，兩個人天長地久地在一起，感情，真讓人陶醉、幸福啊。身心要合一，天天要交換心情，夜夜要上床。戀愛期、蜜月期，有源源不斷的新鮮感、費洛蒙、荷爾蒙，讓人不用吃飯，光靠浪漫、愛情就能存活。

荷爾蒙讓人婚前是「瞎子」

既然婚前最重要的功課是發現對方的情緒模式，但為什麼婚前的人常有如視而不見的「瞎子」？婚後竟說：「早知道他是這樣，就絕對不會和他結婚。」「我怎會知道他簡直就是個瘋子？」問題是，婚前在新鮮感、費洛蒙、荷爾蒙的加乘下，只忙著問「我是不是他(她)唯一的愛人？」「他(她)到底愛不愛我？」「她(他)會不會嫁(娶)我？」……就是沒有研究「他(她)過日子是開心的，還是憤怒的？」「他生氣時會不會打人？」「她情緒低潮時會不會裝神弄鬼來嚇人？」……在談戀愛時，每個女人都願意揣摩男人的心意，也願意順著他的脾氣而委曲求全；男人婚前願意侍候女人的小心眼，面對大小姐或公主病的女人亂發脾氣，還覺得女王範生氣時的樣子好可愛、好惹人憐呢。為了求愛，為了證明自己的愛，雙方都心甘情願地主動安撫對方的複雜情緒。談戀愛時的情緒風雨，種種折磨糾纏、懸疑等待，就像瓊瑤小說的劇情，越慘烈越好，越刺激了雙方的「荷爾蒙」，反而強化了求愛的動機，反而加深了愛意的刺激。結果就「飛蛾撲火」「視而不見」地奔向「情緒暴風的深淵」了。

婚後開始天天短兵相接的是「情緒」

什麼是天堂，就是夫妻兩人的情感好，情緒也好，彼此做情緒上的依靠。但在蜜月後，現實生活裡不再追求證明「情感」，而天天開始衝突或爆炸的就是「情緒」了。結婚後住在共同的房子裡、要用同一間洗手間、要和家族交際、開始面對柴米油鹽……

這種全方位的親密關係，就會開始大事小事都直接衝撞起來：「情緒」正面全面短兵相接。天真的人還自我感覺良好地、理直氣壯地頤指氣使：「你愛我，就不該讓我生氣！」「我真心愛你，但你怎麼會老讓我不高興？」「你既然和我結婚，就該聽我的指令過生活！」「我對你這麼好，為什麼你卻說我脾氣壞？你不愛我了嗎？」「我們這麼相愛，在一起為什麼不幸福？」「我真的非常愛你，但為什麼現在覺得愛你愛得好辛苦？好緊張？」……老天爺真是太作弄人，讓「情感」交融的人，卻在「情緒」上未必能結合？談戀愛時的熱情如火代表雙方都非常重視對方，但在失望時、著急、挑剔時發起脾氣當然也會很火爆，呃，讓雙方都會嚇一大跳的「家庭暴力」就出現了。麻煩，於焉開始。要想有個平和的婚姻關係？你需要的不是好條件的人，而是好脾氣的人。若有人極需情緒撫慰，而對方能提供這個功能，婚姻就有了最穩的基礎。但情緒上有依賴，是缺點，也是優點。

沒有人喜歡自家上演「驚悚片」

瓊瑤的電視連續劇，每部戲都是最佳範本：男女主角在風風雨雨之中，所有的喜怒哀樂都是最頂極的，這讓觀眾們看了隨之驚心動魄而深感過癮。可這些情節若是進入到了你的現實生活裡，如果你是情境中的男女主角，那就不好玩了、很受罪了。談戀愛時，坐情緒「雲霄飛車」很過癮，好迷人；結了婚後，還常常要「被刺激」「被驚嚇」的話，你會活在「恐怖片」中而生病，這種日子好可怕啊。結婚以前，就受不了對方的情緒模式，就看不慣對方的用錢等方式的話，建議你寧可短痛不要長痛，暫時的失戀分手，其痛苦還是有限的。婚前不要只是看「條件」及「情感」，要觀察「情緒」。因為一旦婚後才發現「情緒不合」，就撞「冰山」了，但已來不及了。

潛藏在水面下的85%冰山：情緒

談戀愛時，因為種種原因，表現的都是最好的以外，不能接受的也都接受了。因為雙方都想玉成好事，最終目標是可以同意求婚、接著訂婚、結婚、然後兩相廝守，天天上床「做愛做的事」。最圓滿的結果就是你娶我、我嫁你，在這個具體目標前，雙方都急著取悅對方，就像看著終點想奪標的選手一樣，一心向前跑，所有的不合適、不滿意、不痛快、情緒特徵都被視而不見、主動淡化漠視了。愛人只想忙著驗證：你到底還有沒有其它的愛人？你到底和前男友徹底斷了沒有？你是否真的想和我結婚？你的父母同意我們結婚嗎？你到底什麼時候才會開口求婚？我們若結婚會去哪度蜜月？…… 在這些期待中，對方呈現的「情緒問題」你會忽略或假裝不存在。情緒問題說大也大，說小也小。談戀愛時，或是在相親節目裡，我們看到的都是表面的外貌形象，談到的都是雙方學歷財產等條件，而「情緒模式」是隱藏的，是說不清的，是事後當場遭遇了才知道的、才嚇到的。那些相親男女在節目說的「我是很女漢子的」「我有一點兒大男人

主義」……聽起來很帥、好有魅力啊……殊不知他在說的就是他們的「情緒」，但是滿心想相親成功的人完全沒聽懂。「情緒」是潛藏在水下面的85%冰山，相撞是致命的。小心，婚前喜歡的「條件」，有可能在婚後讓你「抓狂」。

此一時，彼一時：情人變敵人

不在乎對方缺點時、荷爾蒙、費洛蒙和愛意濃時，被罵了也無所謂；情感變淡時，一句話也被解讀為巨大侮辱。曾在新聞裡看過：情人被要求跪在馬路上，當街大喊「我錯了」「我對不起你」「我以後不會再這樣了」……直到他(她)表態示弱到處罰者滿意為止。這種場景，不必用大腦、用小腦想就知道，這是還沒有結婚的人才會做的事。沒結婚前，不管別人會笑「他」沒出息或「她」太丟臉，都沒關係，當事人只求對方還要他(她)，就什麼難看或低姿態的事都願意做。這種場景可不會出現在夫妻關係裡，因為戀愛追求期過了，一切恢復「正常」了。你若還用追求期的那些招？試試看就知道了。婚前被對方虐待，是「周瑜打黃蓋」一個願打一個願挨，甚至感覺這樣愛的感覺才真實、具體、過癮及刺激；婚後想用情緒來虐待對方？對方必定會抗拒、甚至還會反攻回來。沒想到吧，密切空間裡的夫妻竟成為彼此對抗的敵人。竟然，「感情」好到非要每天每一秒都要在一起的愛人，竟然對方的「情緒」卻讓你困惑、受不了、想發脾氣、會發瘋、甚至想殺人。他們不明白，感情再好，但，彼此的情緒可能讓雙方抓狂成仇人。有人為了不願暴露感情需求，或因為得不到情感的功能滿足，就會用攻擊的方式，結果讓情緒互動更為負面。小心了，即使對方真的非常、非常愛你，但你(妳)的脾氣(情緒)可能也是他非常、非常討厭的。

自己人：「我的脾氣不發給他(她)，發給誰？」

人們為什麼要結婚？就是為了要解決「情緒需求」。開心、難過想說給對方聽，興奮要對方分享，這都很好。結婚讓彼此成為「自己人」，既然是「自己人」，就是最真實的情緒的「發洩投射最佳人選」。但，生氣、失望、數落、嫁罪也會要對方承受的話，這就麻煩了。在情　狂飆的槍林彈雨中，高舉著的旗幟是：「我和他(她)是自己人了，我的脾氣不發給他，發給誰？」「我在外面不得不委屈求全討生活，難道回到家還要演戲嗎？」「我已經演戲演了一天了，回家我就是要做自己了……沒必要還在你面前假裝。」情緒攻擊的戰牌是：「別人是不知道你的真面目，就我知道，還不直話直說嗎？」……就是這種「自己人」的認知，雙方都把最「真」的情緒發作在婚姻裡，強迫配偶發揮「幫他釋放紓解情緒」的功能。還有，情緒不好的人，有可能是因為感覺不被需要、沒有存在感，就出現情緒勒索的遊戲，用虐待自己、攻擊對方的方法來吸引對方的關注。情緒風暴，無論在家庭裡，還是在社會上，最後都是白白生氣，沒有什麼建設性的了解及結果。

自己人：婚前婚後感受不一樣

為什麼婚前婚後感受不一樣？因為一旦結了婚，雙方的言行被解讀的方式，就不一樣了。以前是身份還不確定、彼此要追求的對象；婚後是身份已經確定的「自己人」。自己人，就不必表現、演戲、侍候了啊。以前認定對方的關心行為，現在可能就認為是沒必要的干擾。談戀愛時「荷爾蒙」的分泌，幫助雙方暫時忘掉現實生活中的種種問題。等到婚後，生活中必然會有的各種現實挫折，就不是「你愛我」「我愛你」「接吻」就能夠化解的。當生活壓力大到某一個程度時，婚前的打情罵俏，有可能被對方當作成了自作多情或幼稚當可愛、肉麻當有趣了。婚前覺得不必理論的，婚後可能會覺得憑什麼你說的都對？婚前願忍耐的，婚後覺得不甩你也沒什麼大不了。婚前為什麼都能忍耐？因為期待的都是美好與成功；結了婚，發現了現實狀況並不是那麼美好與成功，自己的失望情緒還沒處理好，苦悶、怨恨便全都現形。你有情緒？我也有啊！我自己的情緒都還指望你來照顧呢？再加上社會生活中的不滿及不順利，便都集合成情緒垃圾。這，就是我說的「婚變」！婚變不是指有小三、有外遇，而是指一結婚，雙方的感受、要求、情緒的「改變」。好可怕的「自己人」，造成了「婚變」。

和有情緒病的人生活在一起，你會隨時處於緊張中，因為會動輒得咎，不知那裡又會得罪對方。婚前的撒嬌，婚後被批評為莫名其妙；婚前的男性氣慨，婚後被指責為大男人主義。情緒本身有病的人，有許多無理的標準、輕易就會生氣，小事就計較，流言閒語都會被他(她)拿來大做文章並攻擊配偶。「雞蛋裡挑骨頭」

是指沒道理的指責，婚姻裡是「魚湯裡挑骨頭」不缺文章。情緒問題，讓「可愛」的人變成「可怕」的人。

不缺口才的「自己人」：不「理性」「感性」而是「任性」

誰說「人類是理性的動物」？從來都不是，尤其是說到「戰爭」和「婚姻」，都是絕對的不「理性」。可怕的戰爭都是文明的人類發起的，傷害人的婚姻，都是曾經相愛的人組成的。婚前本來就沒有「理性」，談戀愛時憑藉的「感性」，婚後會變成「任性」。就因為是「自己人」，就更不「理性」，更「感性」而成為「任性」。自己人，就不用偽裝、不顧禮貌、想爆炸就點火，很方便，也很習慣。我曾看過一對夫妻，平時被公認「好好先生」的先生對老婆說了一句很不客氣的話，而眾人心目中的「溫柔女人」竟立馬砸玻璃杯，而這一對夫妻，當初可是歷經艱苦過程才結成婚的。怎麼會這樣？愛得如此深的人，卻也情緒如此地火爆不合？自己人常有語言暴力，「你不需要講，我不愛聽」「你不說我都知道，講了你也不會聽」……吐槽、挖苦、責備、吵架數十年不歇息，且自己人通常很有「耐心」。很多人想學「口才」，但在婚姻裡，通常都不缺口才，都很能說。若是小事，「說話不清」根本就沒事，但大事「說得太清楚」就會壞事，因為雙方的共同生活，會是全世界最了解對方的人，因此，一開口的「語言」一定是很精準、很傷人的。婚姻裡的暴力，不只是內容，是角色、姿態、表情的全方位暴力。「沈默」也是自己人常用的招式，女人往往誤以為男人口才差，其實你看世上商場、講師界裡的男性都是口若懸河的，男人是很會表達的，只看

他願意不願意開口，若開口就會有情緒風暴，誰都學得會明哲保身之道：沈默是金。

▌婚姻和戰地裡都有「地雷」

縱容情　炸彈的家庭，形同佈滿了「地雷」。婚前仗恃彼此相愛很深，沒警覺「情感」和「情緒」是兩回事，於是，有太多愛人就把自己的婚姻搞成戰場，讓家庭變成「地雷區」。戰時埋地雷，越埋越多、越埋越快！戰後想拆地雷，得一個一個拆，又慢又可能引爆且成本更高。婚姻和戰地，都是如此，差別在婚姻裡的地雷是「情緒」，戰地裡的是「火藥」，但都同樣致命。英國的已逝黛安娜王妃生前關懷二次大戰留下來的地雷，以實際行動推廣幫助「拆除地雷」的工作而被人愛戴。真是不敢相信，大戰已遠去數十年，但是地球上還有數百萬顆地雷留在各地，所以像越南這些國家，至今仍不時還有因踏觸地雷而死或殘障的悲劇發生。我更感慨的是：黛安娜王妃在別人國家的戰場上勇敢幫忙拆地雷，可是在她自己的家庭裡，無法拆解她夫妻間埋下的那些地雷，最終「王子公主」以離婚散場。戰爭和家庭都一樣，都有地雷問題。婚姻和戰地的地雷未拆除的話，後果一樣慘烈；要拆解成本也是一樣的高。我敢說，有史以來，整個世界因婚姻裡的「情緒地雷」而受傷甚至致死的人數，遠多於在戰地裡地雷的受害者。

恐怖的「情緒地雷」會殃及無辜

所有的暴力都源自「情緒暴力」，沒有人是對方肚子裡的迴蟲，誰能知道你在生什麼氣？更誇張的是，很多人連自己都不知道自己在生什麼氣，會生什麼氣？沒有自我價值感，有強烈不安全感的人，就是個「情緒活火山」。如果說風就是風，說雨突然有雨，這種動不動就會吵架的夫妻，不只讓家人(兒女)成為目睹暴力的受害者，隨時吵架打架的乒乒乓乓聲，聲言要同歸於盡的恐嚇……日夜不寧的讓鄰居、社區一起受害。家裡只要有地雷，不會只有一顆，肯定會是一排又一排、延綿數十里、會重複爆。地雷很可怕，埋了數十年後，還會爆炸，在婚姻裡亂投情緒炸彈，甚至是把陳年舊事都當地雷累積掩埋，最後會傷及無辜。愛一個人，被愛，被自己愛的人愛……才是幸福，但被「情　可怕」或「問題多多」的人愛到，也是恐怖。

身份暴力：把配偶當做「自己人」

我們看過，多少人只因為身為丈夫或太太，就頤指氣使，自以為想怎樣就可以怎樣，實在很可笑。比如，「你是我老婆，就應該……」「你是我老公，我就可以……」「我就是可以對配偶不禮貌，因為我們是自己人，外人管不著」「我家的孩子別人不可以打，但是我就可以打，因為他是我的孩子」。先生及婆家誤以為媳婦進門後，就有義務做被要求的所有的事，認為她的收入就

應該「歸公」「共產」；太太認為先生的一切都屬於她……不管是男人還是女人，常因自己是丈夫或妻子，就把對方的資源當做是自己的，有不合理的要求或理直氣壯地拖累對方及其家族，這都是「身份暴力」。一個人在付出時，寧願是自己願意的，而非是被「身份」逼迫的。

誤以為「身份」決定「權力」：把對方當做「情緒垃圾掩埋場」

婚姻裡的兩大「主角」，因愛而結合，當然會想共享情緒。好的情緒，共享就是天堂，但若是壞的情緒，就想要憑著「身份」強要配偶處理自己的情緒，把對方當做「情緒垃圾掩埋場」，那家裡就是風暴圈了。因為自己的不安全感、疑心病、挫折感，或因為疲倦、受氣、或因為又想起對方曾經對不起自己的事……回家就「倒情緒垃圾」「引爆地雷」「欺負弱者」的壞習慣，使家庭成了「垃圾掩埋場」。

情緒暴力會升級

習於發洩情緒的人早就發現了：昨天我就是不講道理地和他(她)吵架了，但是今天他還是乖乖地把薪水拿回來；這個禮拜我都動手打了她，但她還是天天把飯煮好？我當眾給了他沒面子但他還是傻傻地笑、可見這點傷害對他不礙事？奇怪，明明雙方都已同床異夢了，但出門時他(她)還是一副賢伉儷晒恩愛的樣子？看來我對付他還不夠厲害……既然如此，「情緒暴力份子」就「得寸進尺」，暴力升級。嗓門越來越大，手段越來越過份，但受虐者竟然還是一樣回家善盡責任，這讓「虐待狂」更加有恃無恐地肆意折磨對方了，這就是家暴會升級的原因。當事者不顧輕重地繼續地「倒垃圾」「埋地雷」「引爆地雷」，婚姻的「情緒功能」變成災難了。

別把外面的不愉快帶回家

這都怪生活壓力普遍越來越大，而誰是最佳的「情緒垃圾發洩」人選？在外面的世界，你不能隨便對人發脾氣。向老闆發脾氣？你可能就丟了工作；跟客戶吵架？你一定就丟了訂單；與同事不和？保證你有後患。在外面受了苦遭了罪，受了委曲，最安全的發洩地方就是家庭，最方便的對象，就是家人了。為什麼在社會上罵人打人有刑責，但在家裡罵人打人往往被包容，這就是一種「身份暴力」，因為被情緒暴力的家人，因為諸多因素會隱忍(為了愛、面子、子女、金錢問題、婚姻關係、不想讓長輩知道……)，結果讓對方認定自己是「打死不退的忠誠份子」。暴力份子，通常自己無法消化負面情緒，把外面的不愉快帶回家，且是「配合演出」的受害者「培養」出來的。

人生的特大頭獎：你的配偶具備化解情緒的功能

這就是婚姻的難處：結婚的重要目的就是要有個能助你釋放情的對象，但這個功能是絕大多數的人不具備的。所以，如果你配偶是沒有情緒問題、不會亂向家人倒情緒垃圾、懂得不該抓你來負責他的情緒的的話，你就真是太幸運了。如果你自己就是沒有情緒問題、不會亂向家人倒情緒垃圾、懂得不該抓對方來負責自己的情緒的人，那你自己就是一個有德的人了。但最棒的是，不但自己不製造情緒問題，竟然還能化解對方的情緒，具備處理對方各種情緒的功能，那你家就中了人生的特大頭獎，讓和你結婚的人得福了。能讓人一見到就笑，總能讓另一半化憂為樂，破涕為笑，這樣的人簡直就是天使。但，有多少人能具備這種化解情緒的功能？有幾個人？聖人？諮商師？心理輔導師？……中這種特大獎的機率不高。站在「我們非聖人」的凡人立場上，耐心求婚姻的存活之道，為大家做一些分析及建言，相信有些提示作用，並帶來釋懷。

是「討厭」讓「愛」變成「恨」

「愛」，才會結婚，為何會變成「恨」？為什麼愛人會由「恨不得每一分鐘都在一起」，竟變成「不喜歡在一起」「一秒鐘都不願忍受」「盡可能地少在一起」「害怕在一起」甚至寧願淨身出戶也要離開對方？愛一個人很容易，一直愛一個人不容易。喜愛對方，只要一瞬間，從此期望天長地久；討厭對方，也只要一瞬間，且不會只是一兩次。我大膽請問婚姻人：「是否討厭過他(她)？且不止一次？」你的答案呢？人們很困惑，但我認為這事是有過程的，「由愛生恨」中間不是直通車，關鍵點不是愛不愛的「感情問題」(因為已經結婚了呀！)而在於「情緒問題」。「愛」不是立即變成「不愛」或「恨」的，它是有過程的，這個中間過程，就是你讓對方「討厭」你了。

由「相愛」演變成「相厭」

是情緒模式讓對方討厭了！婚姻裡本來就沒有大事，但充滿了激發各種情緒的小事。在婚姻裡，在非預期的各種劇情變化中，對方要承受你的情緒特質，比如疑心病、突然情緒低落或是高漲、隨時變臉、言語諷刺、惡意粗口、甚至口出惡言、動手動粗、在身體或財務上侵犯對方……長時間的情緒問題，讓人疲倦。如果理所當然地持續把自己的情緒問題拋給對方，而對方的修養境界不夠而「無福消受」的話，這種「情緒共同體」，誰會喜歡？你會喜歡嗎？「春雨貴如油，下多了令人愁」，說風就是風，說雨就是雨，晴時多雲偶陣雨；說下雨不下雨，說太陽沒太陽……的情緒模式，讓「關心」「照顧」「叮嚀」「分享」這些情緒，就成了令人討厭的「家庭功課」了。誰會喜歡接受「垃圾型」的情緒，誰會不討厭？情緒讓對方受不了的人，條件再好，也會讓對方想逃走。即使對方真的非常、非常愛你，但你(妳)的脾氣與情

緒，可能正是他非常、非常討厭的。詭異的是，通常越是「為對方好」「為家庭好」「求好心切」的好人，越是會讓人討厭。這種配偶、父母、老師、長官，往往會成為別人討厭的人。由「愛」到「恨」之間，出現的關鍵只是：「相愛」變成了「相厭」了！

別把「厲害」帶回家：由「相厭」變成「相怕」

家庭若變成不知哪個地方、哪個時間、哪件事會爆炸的地雷區，誰會想回家？誰敢回家？有人在外面對人很和善，回家卻錯把家庭當做「情緒垃圾掩埋區」，就會變成暴君。有些人在外面的世界「一點都不厲害」，但回到家庭竟會變得「好厲害」？奉勸大家，要厲害？要嚴格？要有威嚴？要有本事？應該在社會上表現，因為人生真正的戰場是在工作、事業上，你的專業才是你的舞台。千萬不要在外面作戰了一天，回家還要引發情緒爆炸。你不累嗎？男人有本事？應在外風光威武，不必回家還「驕其妻妾」，因為，現代的女人已瞭解真相也不見得吃這一套了。女人有本事？應去商場征戰，不必在家裡施展情緒暴力來證明。

由「冷戰」到「熱戰」再到「冷戰」

由相愛到相厭之後，必定是有人開始由相愛到相怕。婚姻不合，不是不再相愛，甚至是仍然相愛得很深的人，但關係裡充滿著戰鬥。都說家和萬事興，都知道不該正面衝突，但我們從小就沒上過「如何處理紛爭異見」的課，所以由厭惡對方開始，首先會出現的是避免正面衝突的「冷戰」。在我的第一個婚姻裡，早期我會這樣：先生(已因病過世)說了我不高興的話，我就開始生悶氣，接著又氣對方為什麼不瞭解我正在生他的氣？竟然不像婚前談戀愛時那樣，會主動來安慰排解我心頭的鬱悶？於是我開始冷戰一周。而先生也是有脾氣的人(誰會沒有？)，當他假裝沒看到我在生悶氣、不安撫我的情緒一周後，竟還指責我說「妳的脾氣怎麼這麼怪？」又說「大門上的灰怎麼這麼多」時，我就發飆大暴發了。心想，我又不是你的員工、也不是你的小孩、更不是你的傭人，你憑什麼跟我這樣講話？結果，小小的一件不高興，由冷戰變成熱戰，再變成延續一整個月的冷戰。小心，冷戰久了，關係涼了，若又有深化的口語暴力出現，就會有人害怕、排斥、恐懼與那個有情緒病的人相處了。冷戰家庭，長期進行的是潛伏的對峙期；有事端時就變成熱戰家庭，讓家裡充滿烈燄的猛爆氣氛。有情緒問題的家庭，快樂的時候像天堂；情緒風暴來的時候像地獄。常常要被逼坐「雲霄飛車」，時不時要承受「三溫暖」待遇，誰受得了？由「冷戰」到「熱戰」再到「冷戰」、再由「冷戰」到「熱戰」再到「冷戰」……反正婚姻很漫長，家庭就變成難以生存的極地了。

「情緒」讓「愛」變成了「折磨」

難以預測的「情緒氣候」最可怕，為什麼會一言不合，會擠兌，會挖苦？就是因為情緒不好，就因為早就有人格障礙，因而會有朝三暮四、多雲陣雨的情緒三溫暖。我也回顧過，我年輕時也動不動就生悶氣，我問自己：自己究竟在生什麼氣？為什麼小事也會生大氣、生好久的氣？真的，自己也不是很清楚、也不理解、更是很後悔。後悔沒有及早瞭解人生、人性、個性、情緒這些事情，就因為不成熟、不明白「情感不等於情緒」，讓「情緒」問題影響了「感情」。也就是，婚前彼此是「愛人」的感覺，但「愛」的感覺因為「情緒」的消磨，就變成了「折磨」，且越是愛，就越是「折磨」。憑我的口才，伶牙俐齒地，就為了「情緒功能」的失敗，在婚姻裡我讓彼此變成對方「討厭」到「害怕」的人物了。

情緒風暴讓人焦慮與害怕

面對這種「以愛為名」「一切都是為你好」的「好人」，你起先是心生厭煩；時間拖久了，耐心耗光了，濃情蜜意褪色了；你開始不安，害怕一不小心又會讓對方發脾氣、被找麻煩、被指責……結果，長期的焦慮與緊張，會帶來這種殺傷力最強的反應：「害怕」。「害怕」一出現？什麼愛情？性欲？全部飛光光！什麼「美女帥哥」的顏值，全部都沒有用了。活在封閉的家庭空間裡，要面對24小時隨時會發出的各種情緒明箭暗器(由吵架到要脅自殺)、任何人都一定開始害怕的。由相愛到相怕，就是這樣的過程。只因為仗著對方對自己的愛，而不知節制地情緒失控、強迫對方做自己的情緒掩埋場……都是因為失望配偶沒有達到「情緒功能」。天可憐見，你的配偶若早知道浪漫愛之後的戲碼是這樣的話，應該是打死他(她)也不願跟你結婚的。

婚姻是避風港：不該是「情緒垃圾掩埋場」

你的愛人、家人沒有忍受你的情緒的義務，即使你每個月給她一大筆家用，即使妳每天為他做三餐。用別人的錢也要有尊嚴，吃人的飯也有「不食嗟來食」的選擇。即使他們是靠你生活、依你生活的人，即使是你的兒女，他們也很難有這種本領，因為，大家都是凡人而已。婚姻不該是「情緒垃圾掩埋場」。也許你家花了大錢做裝潢，但只要家裡有亂丟情緒垃圾的人，就一定會有人開始討厭、害怕回這個富麗堂皇的家，因為不想看到你、聽到你而有想逃避的言行。因為，心裡不舒服的感覺，大過沙發椅及空調的舒服。婚姻，應該是在外面打仗後的避風港；婚姻，不該是「情緒垃圾掩埋場」，更不該是經常有風暴的地方。

婚姻裡的「二手煙」：讓人「情緒中毒」的「霧霾」

正面的情緒會產生能量，負面的情緒會產生各種有形、無形的毒素。其實，通常有情緒病的人，也許是好人，因為他(她)真的很愛你，因為他「恨鐵不成鋼」「求好心切」。我們常聽到這樣的說法：「他(她)其實是一個好人，只是脾氣壞了點而已」「他是豆腐心、刀子嘴啦」……聽起來是洞見、寬容、善良……但這種說法的背後，其實是一種無奈。而我認為，這根本就是廢話，因為，「心好，口才好」，口不好，就是因為心不好，沒有誤差的。負面情緒模式的人，生氣是家常便飯，開口就是指教人，罵人是照著三餐一頓也不缺，誰會喜歡？社會上已全面禁止「二手煙」了，但讓人「情緒中毒」的家庭「霧霾」、婚姻裡的「二手煙」誰來禁止？婚姻裡這種「二手煙」，讓人「情緒中毒」的「霧霾」，是能讓人在精神上生病致死的。

讓家人「情緒中毒」後會反撲到自己身上

婚姻裡有如霧霾的「情緒中毒」，是舖天蓋地又長期持續的，是會讓人中毒、讓婚姻生病的，同時別忘了，中毒的人不只是對方，天天倒情緒垃圾的人，最終自己中毒最深，這就和二手煙一樣。因為毒素會傳染，會擴大，會交叉作用、會起化學加乘作用……最後變成舖天蓋地的微細粒子、有如看不見卻讓許多人致死的「霧霾」。生活在這樣的「霧霾」中，配偶、子女也會有樣學樣。近朱者赤、近墨者黑，全家都跟著脾氣壞、情緒怪異了起來，最後反過來使自己中毒更深。最無辜的是子女，他們沒得選擇而目睹長期的情緒暴力，被迫在情緒垃圾場中跟著中毒，實在是很倒楣。受害者日後會成為加害者，小時被毒打的小孩，長大後回打父母的案例時有所聞，這不是新聞，因為暴力會反撲。

情緒化的配偶讓人如坐「無期徒刑」活監

讓我大聲疾呼，與一個非常情緒化的人結婚，就算其他的條件樣樣都好，仍然等於是一輩子坐「無期徒刑的活監」。和一個典獄長或教官過日子，過著處處被人管、被人罵的日子該有多難過？有情緒問題的家庭，郎才女貌與「金山銀山皆如糞土」。情緒化的人，是家庭教育、學校教育、社會教育造成的，他(她)雖然可惡，但是「可惡之人必有其可憐之處」，因為他們就是教育失敗的受害者。小皇帝小皇后的時代裡，不良的家庭與學前教育，會養出有個性問題的小孩，日後，導致他們的人際關係失敗，婚姻中毒。應試教育要求子女學習唸書及賺錢，追求美好的「生活物質品質」，卻不培養美好的「性格(情緒)品質」，因而使許多人在不知如何處理情緒、不明白修養責任、強求配偶處理自己的情緒的情形下，成為情緒的怪獸，成為讓婚姻「中毒」的人。法院判的「無期徒刑」，還有假釋的期望；而一紙僵化的婚約讓人絕望。然後，「家和萬事興」這頂大帽子，讓女人做了「阿信」，讓男人做了「受氣包」，在眾人的祝福下，出門還成為人們稱讚

的一對，而心中是有苦說不出。若找不到理由弄個出口，就只能在恐懼中繼續痛苦地活下去，我很同情這樣的人。

尋找幫你抒發情緒的服務業吧

別再說：「我在外面累了一天，受苦都是為了這個家庭。何況我們是一家人，我有脾氣想發，我有事情看不順眼，我不發給他(她)，還能發給誰？」聽起來有道理嗎？完全沒道理！我想對這種人說：「如果你想發洩情緒，其實外面有許多更專業、更有效的服務。」不管是你給對方受氣，還是對方沒有給你情緒功能，反正你有情緒要排解，怎麼辦？好消息：發洩情緒的管道有很多、這類服務業已是非常多的。

女人發洩情緒的管道：美容美髮醫美微整型……

隨便看，馬路上四處都是提供情緒發洩的服務點。比如，女人情緒不好的時候可以去美容院及醫美診所改變髮型、做臉整型，這樣可以花了好幾個小時和美容師聊天，先聊影視歌星的八卦，接著就可以罵老公、罵婆婆、怪小孩……美髮美容小姐和醫美護士都是受過專業訓練的，無論是聽你講話還是搭腔，都在鼓勵你把心中的「垃圾」倒出來。做臉按摩是個越來越受歡迎的行業、它們能賺大錢，因為女人願意花錢花時間在美容美髮醫美上。都市女人時不時地也會到SPA店去享受一下，即使並沒有腰酸背痛也會去，因為按摩師也會一面服務你一面聽你「談新聞」「說誹聞」「倒情緒垃圾」……他們一定順著你的口風與心意，讓你感到同理心的安慰，所以美容院醫美診所SPA店越開越多。因為，女人情緒不好的時候，去去美容院改變髮型、做個臉、整個型，就是轉換環境與心情。即使等到付帳時，一看得花好多錢、甚至可能是換了一個比以前還難看的髮型，但因為有人專心聽你倒了一堆「情緒垃圾」而讓你覺得心情愉快多了。

美容美髮醫美類似「心理輔導業」

美容業一直很有市場，因為它們除了讓女人變美以外，某種程度，它們和「算命」都類似「心理(情緒)輔導行業」，我們要感謝這些行業。找「心理輔導業」要掛號，而找醫美算命比較容易，花錢就有。倒垃圾的對象，要小心選擇。花點小錢「倒給陌生人」比較安全。千萬不要頭腦不清楚，若是向鄰居或小姑小姨阿姨抱怨一句，保證後患無窮，不知在未來的那天被爆料出來。這很安全，他們不會傳話，你在店裡罵一小時沒問題。他們都知道女人是帶著心理情緒上門的，會順著你的意思鼓勵你盡情宣洩、讓你感到同理心的安慰。我在輔導心情不好的女人時，我給的處方裡會包括「去美容美髮一下」「去換個髮型」「去買些新衣服」「回去睡個覺」「出國旅行一下」……。有一次，一個決心要離婚的女人，在換了一個讓她非常滿意的髮型後就決定不離了。有一個想要離婚男人回家連著睡2天就同意不離了。看吧！

情緒發洩後，心情安撫後，沒什麼事是大不了的。花幾個小錢給美容美髮業醫美，就能讓家裡不爆炸，很便宜的。

人人需要「被愛的感覺」

年輕時因為忙，我本人很少有奢侈的時間去「做臉」。但是，很想明瞭女人喜歡做美容到底是怎麼回事。於是進了一間小巧美麗的沙龍工作室去體驗，進門就看到3張粉紅色的床。但美容師只有1位，為什麼需要放3張床呢？我還來不及問這個問題，就被請到第1張床上，開始了舒服的服務過程。於是，我立即明白為何朋友會推薦我來這家做臉了。哇，粉紅色的床單、枕頭、毛巾……浪漫輕柔的音樂、花花草草的富麗裝潢、時不時瀰漫在空氣中的不同香氛……哦，一道又一道的乳液、一層又一層的面膜……且美容師一面塗摸我的臉時一面告訴我：「這是最新的。」「這是外國進口很貴的。」「這是最有效的。」……哇，在這過程中，美容師把我當做尊貴的皇后一般，在我臉上不斷地輕柔畫圈圈、她好耐心、好溫柔、好小心哦……請問，這是什麼感覺？這是什麼情境？這一刻，我明白了，女人花錢做臉，買的不只是美容，買的是一刻「被愛」「被尊重」「被喜歡」「被寶貝」的感覺；我明白了，結了婚的女人，已經很久沒有被先生在臉上「畫圈圈」的體驗，所以，花點小錢及時間來享受一下自己渴望的感覺，只是前來做臉的女人可能自己並不明白這一點而已。我當下明白為何美容師能賺大錢了，因為人人需要「被愛的感覺」，為了這個需求，我們的一生願意花時間與金錢來追求，與此同時，也感覺到「自己愛自己」。我可以想像得到，女人在美容床上，和男人在「溫柔鄉」行業的服務裡追求的是一樣的東西。

幸福如豬的香甜之眠

「被愛」之後呢？本來進門時我就很納悶為何1個美容師卻需要3張床呢？「被愛」之後我就自己找到答案了。因為在被愛的幸福感之中，我就在不知不覺中睡著了，所以在做臉做完後我繼續躺在床上，像隻幸福的豬一樣一直睡下去……。當我這隻豬在睡時，下面一位客人當然就得躺在第2張床上了。等到第2隻「幸福的豬」也入睡時，當然就得有第3張床來讓新的客人開始「被愛」了……充電補氧，最好的處方就是睡覺；煩惱壓力，最好的排解就是睡眠。這就是美容美髮的秘訣：它讓你舒服得睡著。

美容一定「有效」的原因

臉上經歷過多層油的滋潤及蒸薰，鼻子吸飽了各種香氣，再加上幸福如豬般地睡上了一覺，當然是心情愉快、細胞飽滿了。睡飽後起身照鏡一看：噢，果真有效：變年輕變漂亮了，心想這錢花得真值得。走出沙龍時，可能還把剛才擦過的超貴舶來保養品又買了一組，甚至是掏出好幾張大鈔或豪爽地刷了卡買了一堆「課程」，因為有效、很值得。因為，剛進去時心中可能是有著些心結的，現在，覺得日子可繼續快樂過下去了。美容美髮，讓我們的負面情緒得到舒緩了，真好。大部份的時候，新髮型總是不錯的；做過的臉一定是油光滿面、顯得容光煥發變美，也會立馬顯得年輕些；於是，女人就覺得「真有效」而繼續來消費了。

找陌生人倒「情緒垃圾」為宜

倒「情緒垃圾」的對象，要小心選擇。寧願花點小錢「倒給陌生人」比較安全。千萬不要頭腦不清楚，若是向鄰居或小姑小姨阿姨抱怨一句，保證日後會有後患。為了預防災難，你實在不放心距離太近，就不要在家附近的美容院去「倒垃圾」，最好跑到遠一點的美容美髮院去。

女人發洩情緒的管道：大採購……

高興的時候、憂傷的時候、挫折的時候，做什麼最好？對許多女人而言，當然就是逛街購物囉。我的一生，有太多太多次的體驗，只要開始逛街看衣服，不用幾分鐘，我的心情就變好，原本的壓力煩惱都能立即被轉移。讓我逛街？我逛多久都不會累，會一直逛到腳受不了時為止。其實我的衣服已多到可以開一家小服裝店了，我豈會需要再買衣服？我現在擁有的衣服，穿一輩子都可能沒辦法穿到破損，因為實在太多了。我根本就不缺衣服，但，我只要經過衣服店，一定會看看櫥窗裡的款式，並且在心中自我對話「這件我想穿」「這件我一定穿不下」「這件設計得不好」「這件阿香穿起來會很好看，要不要買給她？」……如果是大減價？那還得了，一定衝進去。即使等下要去演講而時間事實上已有點趕的。我會自我催眠：「我是不會買的，我只是看一看。」對，就算我要減肥不點菜，難道看看菜單也不行嗎？我會給自己充足的理由進去東摸摸西撿撿，結果，通常還是會找足了充份理由而買個一兩件。就算沒買，也覺得在漂亮的環境及輕快的音樂中，好像做了一次心理輔導，這，實在很便宜。如果是買到了又美又便宜的衣服？哇！可以高興一整天。若買到了10件以上(經常如此的敗家行為)，哈哈哈，我就可以心情好上個3天。以上的心情，請注意，不是年輕少女才有的，是任何年齡的女人都有的。大拍賣時，美妝店裡，我們會看到未成年的女學生和白髮蒼蒼的老太太一起在挑東西，因為任何年齡的女人，都有情緒要處理。沒錯，購物狂和情緒有關。

女人買衣服的滿足效果，比煙酒安全又便宜

刷卡刷到爆、買東西買到家裡塞滿、收集「巴比娃娃」或「LV皮包」……背後都有個東西在作祟：「情緒問題」。女人買用不到的皮包、衣服和鍋子，男人買有傷害性的煙酒及搞外遇；情不自禁想買東西、要穿新衣服，愛打扮……不只是現實需求問題，背後都是心理需求。這些行為會花錢花時間，但它們除了讓人生走過的路都有記錄及記憶外，最重要的是它們都是「情緒發洩」

的管道。買到好東西時，你當下得到滿足，會暫時忘了一些煩惱。一件漂亮的衣服及男朋友送的戒指，會持續快樂及滿足很長的時間。別小看一個小採購的效果，以我為例，有些舊衣服一穿起來，腦中就湧現買它的回憶，即使那是在多年以前也依舊清晰又愉快。就算是一個胸針，我也有故事可講。我覺得買菜買到囤積，也類似買衣服，都帶來充份的滿足感。比起外遇、抽煙、吸毒、賭博或打罵別人那樣會傷害到別人及社會的發洩方式，女人用買東西來處理情緒，「健康、便宜、安全」得多了。

「購物上癮症」都是情緒問題

買東西買個不停的女人，被人推銷就失去理智的男人，就像不停地被人騙一樣，都是心理問題。沒關係，我們就承認好了，女人是為了心理安慰及滿足而去美容美髮買衣服的，男人去某些場合寧願「買笑」被騙不也是一樣嗎。愛買、常買的女人，對生活擁有較多的期待、興奮、快樂機會而活得更幸福。當然，不理性不能克制的亂買是病症，就是「購物上癮症」，這和不停外遇、抽煙、吸毒、賭博或打罵別人一樣，都是因為內在虛空所致。凡事都是分寸的藝術，適度購物很快樂，過度就是心理問題。女人被認為是比男人「情緒化」的動物，對，這有什麼關係？有情緒就去解決吧。所以，街上有滿坑滿谷的漂亮衣服、彩妝品、保養品、首飾、美容美髮店、餐廳、甜品店、包括百貨公司、情感騙子、算命師及推銷騙子……它們與他們滿足女人的美感、情欲及食慾，針對的就是女人的情緒問題。能安撫女人情緒的，都是對家庭關係、世界和平絕對有功的。

持續的發洩情緒：不厭其煩地追求美

你是否也會這樣？買了一件衣服，或是一副耳環，一回家的第一件事，就是把它穿戴起來照鏡子左看右看？咦？你很奇怪耶？剛才在店裡不是已經試過了才決定買的嗎？你怎麼這樣無聊(和我一樣)？回家馬上又再穿一次，你不嫌煩嗎？接著，你會把它穿上問家人：「好看不好看」？第二天，你會沾沾自喜穿出門去，會吸引菜場小販、鄰居或同事的注意：「猜猜看，多少錢？」「你覺得穿這件有沒有顯得比較瘦？」「想知道在哪買的嗎？」……女人的生活樂趣，就是這樣地點點滴滴累積出來的。一個女人只要還堅持追求美，她的人生就沒有太大的問題。

買衣服是女人的快樂長壽之道

女人的長壽之道之一，就在於雖然日常生活有許多匱乏及失落，但是，一走到街上就可以得到安慰與滿足，因為滿街都有服飾店、百貨公司、美容美髮沙龍醫美診所。而且，消費金額由低到中到高，看你的財力，隨時都可以讓你得到立即的滿足與補足。便宜、方便、經常性、隨時可得，這讓女人不怕挫折與空虛，一管口紅及一件T恤，就能暫時趕走煩惱。明天又有了新煩惱？沒

關係，明天可以再去做個臉；後天又有心情受傷，又有復健的需求？那就去買個項練；大後天被老闆罵了，可以去泡個溫泉……兵來將擋，水來土掩，有太多幫助女人發洩的服務業及商品了。買東西讓女人開心，又快又好，不斷地有需求、又不斷地被滿足，噢，女人就這樣快樂地過一生，耶。女人就因為這樣，活得就比男人長壽。女人有這個時時想買東西、永遠欠一件衣服而動不動又買了個擺不下的首飾或衣服的「壞習慣」，喔，不對，是「好習慣」，一來幫助了女人發洩情緒，二來更促進了經濟。

男人較短命的原因：滿足的機會及頻率比女人少

相形之下，男人要滿足自己的機會、頻率，就比女人少得多了，且金額也比較高。男人不會想要買許多西裝，不是黑色就是藍色的制服般西裝，不會像女人一樣一買就好多件。男人襯衫再怎買也看起來都差不多，買不到驚喜及讚嘆。一套西裝的金額可不低，想買的車子單價更高，不會經常買、買很多。男人愛消費的地方，由高爾夫球場、夜店、茶館、酒吧到「人與人連結」的單位，「低消」都很高。男人無法像女人這樣，輕易便宜地、隨時地、經常性地購物花錢來紓解情緒。男人的一生情緒滿足的機會與頻率比女人少，門檻困難度比較高，這就是男人較女人短命的原因。

男人特有的發洩管道：打架與情慾、工作與事業、競爭與戰爭

街上滿坑滿谷幫助女人發洩情緒的店，而男人呢？如果他的修養不夠，不能自我調整情緒，他們，可有特有的管道呢？當然有！很多！男人解決情緒的管道有男人特有的方式，比如運動、打架、煙酒、釣魚、賭博、性甚至毒品……。且看，做生意跑業務的工作狂，廢寢忘食地拼命賺錢，其實是類似女人的「購物上癮症」在作祟。足球季節時，做太太的形同「足球寡婦」，因為一群男人會聚在電視前，忘了有老婆及小孩；商場征戰時，忘了家人生日及畢業典禮？根本就很正常。辦公室與家裡的生活有如日日撞鐘的廟堂歲月，太無感了。男人要在衝刺吶喊的球場拳擊場旁、要在不知鹿死誰手的競技場上、不只是自己血脈賁張、還要看到球員打架，才能感受到汗與血的宣洩。運動、打架、煙酒、都是在發洩情緒……若還不能釋放壓力的話，吸毒及暴力一定會上場。情緒問題沒有適時適當的發洩管道，會發生許多災難。人類的情緒問題沒有解決的話，最後就可能由打架、競爭發展成鬥爭、戰爭。小心，你家的男人，不管是老的還是小的，如果情緒問題沒有解決，遭殃的人首當其衝，就是家人。因為，婚姻裡的情緒問題，不是個人問題，是社會的共同問題。

為什麼男人會去「那種地方」？

我寫的書，是老少咸宜的，所以，這本書可能你家的孩子也會看到，因此，我們就點到為止，男人為了解決情緒，除了球場、商場、戰場以外，還會去哪裡？會找哪種人？會找哪種「人與人的

連結」的「服務業」？我們都知道答案，在此就不用說破。因為，內心有巨大壓力要紓解的人，清粥淡茶是沒有效果的，情緒來時男人需要「麻辣」的感覺才得到情緒被釋放，所以會有「外婆(外面的老婆)」及「青樓」的出現。有一次我在某個知名社團演講，當場也是點到為止提到這一點，沒想到主持人馬上就搶過麥克風說：「大家都知道，艾妮老師現在說的『男人發洩情緒』的地方，當然就是『高爾夫球場』囉！」當場全體都笑翻了。好像男人發洩情緒的地方就是「運動場」啦，但，不運動的男人比較多啊？好啦，我們都心照不宣啦。所以，女人真是困惑千年呀，明明家中有美嬌娘、賢妻良母，為何還要到不當的地方找不當的對象？現在你就明白為何會這樣了，男人會對元配不忠？不是「愛情(感情)與道德問題」，是「情緒發洩的需求」而已。

把委曲拋出去：寶石鳥的啟示

有一次演講，場地很糟糕，聽眾很沒水準、麥克風很爛、環境有噪音、現場有蚊子飛舞和小孩奔跑……我講得好累，當天，我覺得自己做個講師實在很倒楣。在拿到鐘點費時，我一點也沒有往常的那種喜悅感及滿足感。然後，奇怪的事發生了，就在回家的路上，我看到了一家珠寶店的櫥窗裡，有個半寶石做的小鳥飾品，我竟然當場就把袋子裡的演講費的掏出來買了那個我根本就不是很喜歡、肯定是根本不需要的東西回家。當天回到家，我看著那個東西問自己：「我是個節儉的人，我是個從不買這類東西的人，為何會買它？」我一反省就明白了，因為當天我心中充滿了惡劣的情緒，覺得賺這個錢很窩囊，於是，就把「受苦」而賺到的錢「丟」了出去。這，和很多男人在忙了一天後會去歡場一樣，一定是白天的工作或賺錢過程在靈魂深處埋下了傷痕，讓自己的尊嚴有了扭曲及背叛，因此，他要到另一個地方「扳回一城」。於是，會把賺來的錢當做「金錢鏢」砸在別人的臉上或身上，他要有人尊貴地對待他，即使這樣他要付出不合理的金額他也會身不由己。這就是為什麼，情緒高昂的觀光客就是會大血拼、心情不好的人會狂買亂刷購物、歡場裡火山孝子為妓女買單……這都是「情緒問題」。

讓男人女人都能發洩情緒：飲食

有些女人不愛買東西買衣服，有些男人不會亂來，那，「大吃大喝」就「中獎」了。「好賭好色」會被人批評，但「好吃」的人結伙彼此肯定為「吃貨」而很榮耀。肚子餓了就會想吃東西，因為吃東西時，不但是飢餓感會得到立即滿足，同時，還有情緒也得到撫慰。情緒好的時候會想打牙祭，情緒不好的時候更是要吃東西，因為可以立馬提高血糖。所以，再怎麼不景氣，即使是金融海嘯，永遠不會消失的消費就是「美食餐廳」，covid19封城時就網購外賣。且看街上這麼多的快餐店、飯店、夜市、路邊攤、團購以及美食網路購物都在告訴我們：吃吃喝喝是永遠的需要，是暫時解決情緒的最方便法門。飲食是男人與女人共同發洩情緒

的工具。世界上最必需又最美好的就是食物，尤其是美食。就以我而言，我活著的目的之一，就是想每餐都不一樣，體驗各種美食，尤其是蔬果與麵食，它是我活潑生活的動力之一。所以，身為美食主義的我，除了要感謝美食讓我成為脾氣較好的人之外，我也要高呼「美食萬歲萬萬歲」，因為它真的解決了許多人的情緒問題。只是，和所有發洩情緒的工具一樣，這個工具也有後遺症，且後遺症很麻煩。因為，身心極度櫃乏、情緒不穩的人就會失控而吃喝個不停、且嗜吃能讓血醣立即升高得到快感的甜食，及傷身的烈酒。不當的「暴飲暴食症」，造成全球的文明病：糖尿病及肥胖症，背後原因，這都是「情緒問題」。

「心是肥胖的根源，愛是減肥的動力」

夫妻不合會讓你老是想吃大餐，吵了架就會想找酒肉朋友一起去喝悶酒；歡場和餐廳的商機，就這麼千年蓬勃發展下來而歷久不衰。在媒體網絡越來越發達，外賣神速之下，庶民百姓全民得以享受美食。原因？就是因為「食物」是解決情緒的最佳最快工具。所以，暴飲暴食、體重超重，不只是營養、運動、知識問題，真正的背後原因是：情緒問題。這就是我的健身瘦身理論：「心是肥胖的根源，愛是減肥的動力」，如果你對世界、對人生沒有了愛與熱情，你是肥死了也不會開始減肥的，你是明知許多垃圾食品的壞處也會繼續的吃下去。就算已確定了因為長期錯誤及過量飲食、欠缺運動而生病，你也不會及時改變飲食習慣的。

因為背後真正的原因是「情緒沒解決」而非「食欲過多」。讓你飲食失控的「情緒問題」一直沒解決的話，美食在幫我們紓解了情緒的同時，也製造了新的問題。順便發個牢騷，病毒封城時，創造了網購高峰及影片流量，但只見外賣、食材、網路會員的營業增加，未見「書店」的業績倍增？哎，大家在家沒有創造書市的起死回生？哀哉作家們呀。

旅遊也是紓解情緒的好方法

在熟悉的地方飲食、運動、購物……待膩了。接下來，就出現了21世紀全球的大趨勢：旅遊！「好想出國喔。」「累死了，一定要休假去度假。」「我一定要出去玩一玩，星期一開始才能再努力上班賺錢。」……暫時離開固定的環境及動線，就是讓壓抑的情緒及累積的疲倦得到釋放。旅行，就是花大錢離開「自己待膩了的地方」的地方，去「別人待膩了的地方」。有的人，渴望旅行的情緒病嚴重到，乾脆就長期流浪了。有的人，承受不了都市壓力的情緒病嚴重到去荒郊野外去窮居了。要解決情緒？旅行，是個好方法，有益身心，但是，如果每次旅行就是要出國，就是要去坐飛機才能到的遙遠兼昂貴的地方，而且，每次都會情不自禁地大採購的話，那「成本」就太高了。對我而言，自從迷上「泡溫泉」後，我最想去的地方就是溫泉區。若到就近的地方泡到溫泉，時間和金錢的花費都不高。但想去日本泡湯「旅行」時，紓壓方式就貴了。也就是說：別找「太貴太費時」的旅行地

點去發洩情緒，不然每次出國就花掉一個月的薪水，這樣人生的未來堪憂啊。

「宗教信仰」是情緒的抒解管道

古今中外，各式各樣的信仰，都提供了人類在情緒上、信念上、價值觀上的滿足功能。因此，男人與女人共同發洩情緒的管道之中，「宗教信仰」一直都是歷史悠久的選項之一。「宗教信仰」的價值有多高？一個朋友告訴我：他的家族是資產龐大的鋼鐵世家，家中長輩過世後，晚輩因為分配遺產而鬧得很不愉快。他為了這件事氣了好幾個月，連胃都痛了。有一天他到有名的寺廟去見知名和尚，把心中的煩惱向和尚不停地宣洩，而和尚也很有耐心地靜靜地聽他說，就這樣，他說了30分鐘，其間，和尚沒有說什麼，只是偶而回應：「喔，是這樣喔。」說到後來，我的朋友也覺得不太好意思，就沒有再繼續說了。結論時，和尚用福建話說：「人生啊，就是『沒來、沒去、沒代誌(意即沒事情)。』」我朋友一聽就頓悟了：對呀！人生就是這樣，都是自己沒事找事，長輩沒死之前家人都很和氣的，現在的煩惱都是自己找的。我的朋友說：「噢，他這句話讓我覺醒了、輕鬆了。」

7個字50萬元：解決情緒的價值和價格

所以呢，在離開那間寺廟時，他捐了一大筆錢。多少錢呢？他捐了50萬元。

什麼？只因為聽到「沒來沒去沒事情」這7個字，他就投了50萬元？這件事對我實在是太震撼了，它讓我瞭解，噢，只要說對了話，7個字就可以值50萬元。哈哈哈，反觀我呢，每場演講賣力說話，至少也說了上千句、數萬個字吧，但我只得到幾千元的報酬。哈哈哈，我並非在抱怨(因為我知道世上還有更多人賺錢賺得比我辛苦得多)，我只是借此開自己的玩笑，我只想強調：能幫助別人解決情緒問題的人與行業，價值和價格都是很高的。

解決情緒的新行業滿街都是

好消息，幫我們解決情緒的新管道越來越多，五花八門、千奇百怪。令人匪夷所思的，也都出現了。比如，讓你甩盤子、擲飛鏢射你的老闆圖像、讓你打人打個痛快的店，也有讓你去做義工志願者、讓都市人下田種菜、打工遊學……各種創意服務業都出現了。色情店、色情網站、夜店酒店裡的各種服務，都是為了情緒或壓力而出現的常見的發洩管道。仔細想想，解決情緒的行業滿街都是，再仔細想想，幾乎所有的店和商品都是為了情緒需求。買手機和車子，買什麼牌子就代表什麼身份，不也是解決情緒需求嗎。只要有財力及時間，人人可以精挑細選適合自己的情緒滿足方式及工具，只要不要把無處發洩的壞情緒帶到家裡，讓家裡成為時不時會爆炸的地雷區就好。

周瑜打黃蓋：有人願打有人愛挨

若還是想回家索取「情緒滿足」的功能，怎麼辦？「心裡有氣，不向自己的太太(或先生、小孩)發作，那要向誰發？」這應該是小孩才會說的話。但是，就是有許多成年人是這樣振振有詞：「我就是愛回家發脾氣，怎樣！」說真的，外人也沒法子說上什麼話。在婚姻裡，就是有人願意長年作踐自己，容許配偶把自己當垃圾桶。沒辦法，有人願打有人愛挨，只因「為愛而願意做家人的出氣桶及垃圾掩埋場」。好吧，只要有人願意配合，家人彼此做周瑜或黃蓋，這不但是古代的遺風、也是現代的實況。

服務有價：使用者付費

我同意：有氣就要發！大禹治水，只可疏導，不可圍堵。若就是想發洩在家人身上，我就想建議每天回家都會發脾氣的人這個遊戲規則：想買東西要花小錢，去夜店歡場要花大錢，找法師開示得添香油錢，去教堂參加活動要十一奉獻……那麼，每天在家裡做你的出氣桶的人，你是否也該稍稍表示一下、意思意思吧？算命先生、心理醫師聽了你的訴苦，都要按鐘點收費，牧師法師除了接受供養、得到你跪拜、奉上貢獻的錢及無限尊重，而你的那一半，而且是你愛的那一半，長期活在你(妳)的「情緒風暴」中，卻沒有任何報酬與回饋？這合理嗎？而且，對方如果沒有心理分析、開示解悟的本領(世上有幾個人有呢)的話，如何受得了這種情緒共同體的結合？想一想吧，情緒多變、沒有安全感、渴望配偶滿足自己的情緒需求……這都是自己的修養問題，自己都不能有效解決的問題，卻拋給對方，還美其名這是「分享」給「自己人」？可惡！這樣合理嗎？公道嗎？行得通嗎？使用者付費，在家裡就應該如此。

發脾氣守則：向「出氣筒」付出報酬

我的建議是，如果今天又要回家給人看臉色，言語帶刺地罵人笨、罵人懶……如果今天又連珠炮地在家發威，是不是就該包個紅包向對方致謝：「謝謝你被我『修理』了2小時，剛才我罵你(妳)都沒回嘴，可見我罵得很好。所以，這個紅包請笑納，一來感謝你付出的時間、服務與耐心，二來補償一下你的顏面及精神創傷。」如果你會這樣以具體的行動來感謝對方，嗯，也許，你的家人還會說：「很好，很好，歡迎，歡迎，希望你每天回來都把我當出氣桶。」哈哈哈，我當然是在開玩笑。如果家人不想賺這種錢，那麼，你在發作之前，就該請示一下：「你可以讓我發洩一下，讓我把你當作情緒垃圾桶好嗎？」既然是親密家人，你不必三跪九叩，但，至少要得到對方的同意才拋垃圾吧？誰會喜歡做別人的情緒垃圾桶呢？婚後能夠彼此撫慰情緒，安定心靈，這是兩個人結婚最好的功能，卻是可遇不可求的好運。真的控制不了天天回家發脾氣？只要遵守這個守則：向「出氣筒」付出報酬，只要對方願意接受，那，你們的「情緒共同體」就功能高分了！

夫妻沒有「全盤」「接受配偶所有情緒」的義務與能力

說完各種抒壓的管道後，再次提醒大家，愛的責任不包括「全盤」「接受配偶的情緒」，千萬不要再幼稚地認為，「若你真的夠愛我，就該接受我的脾氣」。「情緒功能共同體」若不合，對婚姻的殺傷力真的很大，它會傷害婚姻的地基「情感共同體」。夫妻要以「同理心」「某種程度的接受配偶的情緒」，因為已是結髮夫妻，若完全不接受對方的情緒，也等於沒有結婚。但強求夫妻要「全盤」「接受配偶的所有情緒」就不合理，因為有可能對方根本就是已有精神病症的「病號」，需要的是他(她)去治療及吃藥，而不是你(妳)得繼續忍受及吃苦。不可施展「身份暴力」，愛的責任不包括「全盤接受對方的好壞情緒」，配偶沒有義務做一個照單全收的情緒功能體（垃圾桶、垃圾掩埋場）。

世上沒有人喜歡看人臉色(活在別人的情緒圈裡)

一開始，「情感功能」是婚姻的基礎，但日後相處時是「情緒功能」在決定關係，這就是愛得發昏，以為從此就過著王子公主生活的人始料未及的第一個大挑戰。自己從小就沒有培養出好性格的人，會仗著「你愛我，你和我結婚了」，就把情緒處理任務拋給對方，就任性地耍脾氣，給對方看臉色。但，世上有人願意做別人的「垃圾桶」「垃圾坑」或「心理輔導師」嗎？再愛你的人也不願意，靠你生活的小孩也不願意。想想你給了對方什麼，能讓對方願意天天看你們的臉色？咦？對方只不過愛上你，想和你一起吃飯、上床、生小孩，並不代表他同意從此看你的臉色，活在你的情緒裡啊？一個人一結婚就能通靈、成為對方的「肚子裡的蛔蟲」、預知對方的「晴時多雲偶陣雨」並隨時準備好「雨傘」、成為對方的「心靈輔導師」嗎？抱歉，「結婚典禮」沒有這麼神奇的功能，沒可能一結完婚你們就變成這樣的心理專家及修養大師。

情緒修養是你自己的功課

同住一房的一對夫妻，如何能完全隔絕情緒呢？所以它還是「必修科」。當然，「情緒共同體」最好有讓人感覺住在天堂的高分，若不能，但至少要能及格，不能讓人覺得住在地獄裡。情緒根本不能相容的夫妻，就是彼此精神虐待。

簡單建議：只要人也回來、錢也回來，心也回來……只要對方沒有做壞事，就不要強求對方在個性上做改變、在情緒上配合你。

別讓不能解決的性格「解決」掉婚姻

「保持距離、以策安全」吧，你的情緒，你自己解決！你動不動就生氣，總覺得你的配偶讓你不滿意？那是你從小就沒有做好的修養問題。保住情感，情緒上要避開地雷區，務必求不爆炸。想想兩人原本是陌生人，在不同的家庭及環境中長大，要在「結婚

進行曲」之後馬上就在情緒上完全吻合？本來就是緣木求魚，是「不可能的任務」。情緒修養是你自己的功課，別要求配偶處理你的情緒，別讓不能解決的事(你一生不能改的性格)「解決」掉你們無辜的婚姻。

性格即命運：情緒就是性格

我從不算命，因為在醫院的新生嬰兒室裡看到同一個時辰生出來的孩子，他們的八字相同，但長相就不一樣，父母背景不一樣，肯定將來個個命運不同。決定一個人的命運的，從來都不是八字，更不是運氣，而是他的個性。這也是為什麼一個國家的學校教育、一個家庭的子女教育是如此重要，因為它會決定一個人的性格，決定一個國家的前途及一個家庭的氣氛。情緒很恐怖的人，跟他(她)生活在一起的時候，是「金山銀山如坐糞土」；情緒模式很好的人，跟他(她)在一起生活，豬窩草窩也是天堂。如果婚前沒有確認對方的情緒模式很恐怖，只注意對方的條件及愛情，你可能就會成為挨驚受怕的倒霉配偶了。要覺悟：個性即命運，情緒就是個性，擇偶、婚姻的關鍵：彼此的個性與情緒模式。所以選對象，不要選條件，要選性格。

不可抓配偶(婚姻)來負責你的快樂

生氣、低潮、猜忌、暴力……這些不良的情緒，來自當事人本身的不快樂、及已經定型的個性及情緒模式。我強力主張：配偶沒有義務全盤照收、逆來順受配偶的情緒。這絕對不是另一方、當然也不是小孩的義務。覺悟「不可抓配偶或婚姻來負責你的快樂」的道理的人，就再也不會把個人的心情拋給配偶和小孩。要明白，每人的心情和成敗，都要自己負責；不該遷怒，不可以抓家人來負責自己的快樂；小小的婚姻不該承受這麼多的壓力及這麼困難的挑戰。請停止再抓配偶或婚姻來負責你的快樂，不再任性欺負老婆，或耍小姐脾氣或施展女強人的正義感。要明白，每個人的個性在結婚之前已完成了，身為配偶，若沒有在婚前認識真相，婚後就必須接受雙方既有的個性及情緒，發揮智慧來處理。最重要的核心觀念，就是：「別把情感和情緒混為一談」。預知不愉快又要發生時，就要「保持距離，以策安全」，但安全距離不能退到沒有「生活共同體」的功能。如果你家已經爆炸很多很久的話，千萬不要白白受苦，要有所學習，要知所進退，要決定，這一個功能，是你家的必修科還是選修科。

認清楚：婚姻沒有義務處理你的情緒

好吧，如果你已經結婚了，沒辦法「重新選擇」的話，就只好面對現實，謀求改善「情緒功能」的需求。不要誤以為一張結婚證書就能讓對方就範，成為你情緒勒索的囚犯。請把「婚姻法律」拿來仔細讀一讀，或把「結婚證書」拿來看一看。請問，其中是否有這麼一條？

……「因為我倆結婚，所以我就有權力把對方當做情緒垃圾桶，我可以把自己無法消化排解的乾溼情緒垃圾，不分有毒沒毒，全部傾倒給對方當作禮物。因為我倆結婚，所以我可以把家庭當做情緒垃圾掩埋坑。」……

沒有這一條吧？你並沒有這樣的權利：「所有情緒垃圾，不加以分類就加以燃燒，讓沒毒或有毒的氣體充滿家中，使對方(家人)中毒」？……「婚姻法律」和「結婚證書」中也沒有這麼一條。意思是：婚姻人並沒有這種權力；婚姻人沒有義務「忍耐」你釋放出來的那些不好物質及氣味，世上沒有人願意長期受害且「吞忍」。

個性(情緒模式)即命運：別讓婚姻被犧牲

這一章，是本書最大的篇幅，因為這個地雷區影響層面最大。命運從來都不是八字或星座，命運就是你的個性(情緒模式)，它決定每個人的一生品質，更是「短兵相接」地決定「婚姻的品質」。結婚之前，不良的個性一定讓父母受苦，但親子關係不能改變，家人都得忍受；不良的個性肯定讓人工作不順利，就會有人不計損失而任性掉頭走人自砸飯碗，而你的老板也拿你沒辦法；但結了婚，蓋了章，生了小孩，不良的個性及情緒就要強迫你所愛的人無辜地跟著付出大代價了。但現在的婚姻法讓對方已有選擇權，他(她)可以決定要不要接受你的情緒及個性。記得，情感好沒有用，要情緒也能放在一起才有幸福的婚姻與，別讓婚姻成為壞脾氣的犧牲品。愛不愛沒那麼重要，因為過了愛情保鮮期的2年，愛情一定會褪色；而情緒卻是百年不變、千年不朽的。

「情緒共同體」終究還是「必修科」

幸運的夫妻，和具備化解配偶情緒的能力的人結了婚，那就是中了頭獎。但不幸的人，竟然無法相處？那都不過是「情緒問題」，而非「情感問題」；只不過是「滿足問題」，而非「對錯問題」。只要雙方都懂得這些婚姻裡的遊戲規則： 婚姻始於「情感」，但不等於可以亂拋自己的「情緒」，也不等於必需忍受對方的「情緒」。願意共同生活，「誰賺的錢多」難免誰就可以「聲音大」，但不等於誰就有權把配偶當「情緒垃圾坑」。

情緒可以「各自為政」

沒有外遇竟也離了婚？通常就是因為不會處理「情緒功能」的結果。當你情緒低潮時，彼此要有默契。你可以自己關起門來自己處理情緒(找各種服務業)，對方也可以出門去散步「離開現場」，或帶孩子去旅遊「走避災區」一下。在這種認知下，情緒共同體能「互補」最好，不能也沒關係，情緒「各自為政」也能維護美好的婚姻。你是一個正在因為自己、或是因為配偶的情緒模式不好而受苦的人嗎？請夫妻倆一起來好好閱讀這一章、並做個取捨吧。「情緒功能」終究還是「必修科」，請接受現實。已知溝通調適都沒有用，終究沒法改，那怎麼活下去？就只要雙方都同意把它設定為「選修科」得了，也就是，雙方都不要分享情緒。且要明白，這樣不是感情有問題，只是感受、情緒實在合不了，至少，心中會對品質不良、功能欠缺的這樣的婚姻關係能釋懷。能釋懷，就不會憤怒或悲情了。

千萬不要和「情緒」不好的人結婚

有人說：「我們就是天造地設的一對，是完全合得來的。」太好了，恭喜你們！我相信有的，但這種好結果，是因為擇偶時「慧眼獨具」，還是「瞎貓碰上死耗子」？是一方的修養到家，願意做一面倒的「阿信」「受氣包」，還是遇上了演技高超的「奧斯卡金像獎最佳主角」？我就不敢確定了。「情緒共同體」可以不高分，但不能不及格。情緒不能自我抒解的話，代價極高，高到你無法想像。在路上與人衝突，可能因此鋃鐺入獄；回家找「就近」的人解決情緒，結果，就順便「解決」掉了婚姻，可怕吧？所以一定要注意，感情再好，但一碰在一起就爆炸，話不投機一句都嫌多的人，也就是說情　不合適的人，再愛也不要結婚為宜，金山銀山、絕世美女帥哥也不要考慮。因為，我重複說了，和有情緒病(精神病)的人結婚，你是無期徒刑坐活監啊。是的，相愛結成婚，靠情感；成婚後能不離婚，靠情緒。讓情緒歸情緒，情感歸情感，當做2件事吧。若非要選擇，寧可選「情緒相合」的人，而非「情感很好」的人結婚。

「動輒得咎」的恐怖份子(精神病症患者？)

當時婚齡不久的我，不明白：對方會跟我情感好，不代表他的情緒也會跟我合。同樣的，我的情緒也未必和他合。當時的我很會好幾天板著一張臉，冷言冷語冷菜冷飯，以冷戰方式向對方宣示：「我在生氣」「是你讓我生氣的，你竟然還不知道嗎？」……如今反省：婚姻裡最怕這種動輒得咎，讓對方害怕隨時會觸雷的人物。活在這種人的身邊，不知那一句話、那一個動作會得罪了他(她)？只要表現、反應不如對方的意(誰會是別人肚子裡的蛔蟲，怎麼能預料得到對方所有的痛點)，對方就上演冷戰片、戰爭片、恐怖片、偵探片、悲劇片給你看。如果你的枕邊人是這種「說風就起風、說雨就下雨」的人物，狀似憂鬱症，又有情緒勒索，嚴重時要脅要自殺或殺孩子……天啊，共同生活的人有如恐怖份子？這讓人感到「典獄長」或「教官」隨時會出現，甚至是覺得活在四周有殺手的監獄裡。在此插話一下，婚姻裡有情緒問題，過去常推給「個性不合」，但我現在的新看法是，恐怕是因為當事人有「精神病症(憂鬱症、躁鬱症、恐慌症、強迫症、妄想症、被害妄想症……)。小心了，別看條件及外表，千萬別被恐怖的人「愛」上。

解決婚姻裡「情緒功能」的建言

誰不想在婚姻裡得到分擔「情緒」的「功能」？但天不從人願，

怎麼辦？如果你已經和情緒有問題的人結婚了，怎麼解決「颱風圈」裡「情緒功能」的問題？我就「死馬當活馬醫」吧，為了協助大家在「分享情緒」這條路上，不要強求彼此給予功能。下面是兵分多路的建言：

1 自救：若對方已讓你討厭，你要想辦法不再忍受對方的情緒勒索。得不到對方給你「情緒功能」你已很無奈，還得被對方精神虐待？哎，苦命的你，至少不要被對方情緒干擾到，想辦法維持自己的正常心情及生活(很難吧，你得有超強定力)，必要時應尋求各種服務業提供的抒壓功能。要想像這就是上天給你的「逆增上緣」，對方就是老天賜給你要你修行的功課。對方可能終究一生都是個壞脾氣的人，那是他的選擇，你先顧好自己為宜。

2 自省：將心比心，想想是否對方的情緒問題，和自己有關？對方的壞脾氣，是否是自己的情緒問題帶來的「因果關係」？不要成為一個讓人「討厭」的人，壞情緒是有傳染性的，若檢討事出自己情緒暴力在先，就要反省並改正。將心比心，自己也不要給對方情緒壓力(更難吧？你得更高階地修練自己的性格、情緒)。不要讓自己成為讓人討厭的人，不要成為情緒功能的罪人。

3 自強：已經是一家人了，只得想辦法修練出你能安撫對方情緒，化解情緒風暴的本領(超難吧？你得具備心理輔導師、宗教大師的能力)……

4 治療：有可能，你發現對方的情緒問題，不只是「壞脾氣」，其實是早就存在的「心理病症」，這就只能怪你自己了，當初沒有看出來，而讓自己陷入一個後悔的心情中。為避免惡化狀況，有病的人得速去看醫生治療……這幾項你我都很難做到，但它們就是人生的基本日常功課，婚姻逼你非做不可，不然你就沒辦法快樂活下去。

★防範暴力的多種面貌：婚姻裡最麻煩就是情緒，不良的情緒就是一種暴力。不是被打到送醫院才是暴力。除此之外，還有隱藏式的、也很可怕的「語言暴力、精神暴力、表情暴力、金錢暴力、身份暴力」，當然，最後出現的就是「肢體暴力」了。限於篇幅，這一章只能談到「情緒暴力」及一部份「身份暴力」。

★贅言一句：最可怕的是「身份暴力」帶來「情緒勒索」的心理遊戲，只因對方身份證上有了自己的名字，因此理直氣壯發揮嚴格操控管控對方行動及主張法律財產的權力，比如以犧牲來邀功、口出惡言、遷怒栽贓、索求金錢、強迫對方修改並沒有大錯的言行、要求對方包容忍受自己不合理的要求……這些關起門來外人看不到的、無形的、精神性的壓力，造成許多人在婚姻裡的委曲及憤怒，先是不想、不願回家看到對方，繼而寧願「淨身出戶」只求擺脫這種困境。成為「老公、老婆」的「身份」，本來是結婚的目的，雙方滿足這個功能就是活在幸福「天堂」裡，若身份帶來的竟是情緒勒索，讓撒嬌或示弱變成霸道與剝削，那家庭就變成「地獄」了。載舟覆舟，在婚姻裡，我們要善用身份帶來的情緒功能，讓它使我們幸福而非受苦。

功能3

生活習慣共同體
必修科

生活功能的不同：五官的偏好，三觀的偏差

費了九牛二虎的力氣，好不容易才把影響最大的「情緒功能共同體」說明完了。通常，在輔導個案時，聽完「情緒功能」後大部份的人就釋懷了，原來兩人的最大衝突就是看不見的情緒，是大家誤以為感情好就該負責對方的情緒的「誤解」造成的問題。但接下來的功能，就更具體了，它也是「必修科」，它無關對錯、無關愛情，它的嚴重性，是直接衝撞「肉身」、直接影響「日常舒適度」及婚姻「幸福指數」。婚前都在講究「感受及條件」，那知道婚後立即的問題來自「生活習慣」。戀愛時，是目盲耳聾的，只看一件事：你愛不愛我，何時結婚？結婚後，五官都清醒了，「看到」的事可多了。愛不愛，只是1件事；生活習慣合不合，食衣住行育樂，從早到晚，由夫妻到兒女到同住的姻親，想要滿足各自的生活功能時，卻可以是100件事，這下就麻煩了！

浴室裡的牙膏風波

其實不用等到婚後，在規劃婚禮、裝潢婚房開始，雙方的五官三觀就開始清醒，彼此的生活習慣及空間需求的衝突就浮現。有人是在蜜月中就出現衝突，比如應該「睡到自然醒窩在酒店」還是「要起得比雞早去旅遊」意見相左。我常在演講時講這個招牌故事：「擠牙膏」。有一對夫妻，倆人都是知名大學的高級教授，但是結婚幾十年來，就是不能步調一致、常常會一大早就為擠牙

膏而生氣。太太總是擠牙膏的尾端，而先生總是大咧咧地由前面擠出一大截，讓多出來的牙膏流出來造成髒亂……太太很生氣：「你為什麼老是要這樣擠？」先生無所謂的回答是：「我忘了。」「為什麼一定要擠前面？」「擠前面擠後面，有重要嗎？」先生還是照舊隨興擠前面。太太很生氣，因為他這樣擠會讓她要每次都要從遠遠的後面往前擠，才能把牙膏擠出來。太太無數次的生氣：「叫你不要那麼擠，這點小事，有那麼難嗎？」太太火大了：「浴室是我在清理，不然以後你來打掃！」牙膏風波進一步成為家事問題。這一對高級知識份子，就為了這麼點小事而長年鬧得不愉快。女教授堅持一定要改變對方的習慣，因為她是公認很有說服力的教授。但男教授就是不改，太太說：「我說的你就是不聽，就表示你看不起我，若你不甩我，那你當初幹嘛娶我？」先生也很生氣：「你就是這樣看我不順眼，天天找我麻煩，你煩不煩呀？」牙膏風波更進一步成為感情問題了。

天長地久的小事會成大事

也許你會說，擠牙膏這種小事哪裡值得夫妻生氣？是啊！照這麼說，男人用了馬桶不把蓋子放下來，女人的清潔用品塞滿了鏡台；女人隨手把三角褲掛在浴室裡，男人覺得不成體統；男人的臭襪子隨處丟得讓女人恨得牙癢癢的……永遠不收拾好衣物；用廚房從來不記得善後；窗子不肯關好，冰箱門任意讓它敞開；用碗裝水用杯子裝湯……這些都是小事嗎？天長地久的婚姻，沒有人是天天花前月下的，婚後，日日都是浴室、臥室、廚房、客廳的生活習慣在彼此衝撞。浴室裡的牙膏風波，在你家有發生嗎？豈只是牙膏？共同生活裡，衝突多了去了……有得計較了，等著天天爆炸吧。成年了才結婚、兩個生活習慣定型的成年人，浴室的使用方法，誰和誰會一樣呀？誰沒有習慣啊？誰知道我的習慣會讓你抓狂啊？結婚前也沒有列清單啊？

像個倉庫般的住家：不同的「生活習慣」讓人發瘋抓狂

舉例：一對夫妻強烈的不和，只因妻子愛整潔，而丈夫愛亂買亂堆東西。先生每次出去旅遊必定買一大堆根本沒有用的紀念品回來，而且還買好幾份，總說是要送給兒子女兒，可是兒子女兒都不想要，就都留在家裡了。她恨恨地說：「舊報紙、新資料、破爛書、老唱片、連別人的照片，全都當做寶；有用沒用的東西，不許動也不許丟。」因此，他們的家，堆滿了各式各樣風情的東西，全都不搭調地在積灰塵。櫃子裡堆滿了，就開始堆櫃子上面。櫃子滿了就堆角落；角落堆滿了接著就堆走廊；兒女長大出國了，就開始堆到子女空下來的房間。位在著名大廈裡的住家，果真如她說的：簡直就像個倉庫。沒辦法，男主人要堆，女主人用罵的、用唸的都沒效果。有一次：「我把一把破舊不堪的老椅子丟出去，他追了回來，像發瘋般的罵我罵了一個星期。」另一次，她做主偷偷地丟了一堆資料而被發現，結果是大吵大鬧了一

整個月，只差沒有離婚。她說，以前她還想勸他，還有興趣為此吵吵架，但此事讓她從此徹底死心了，開始拒絕整理舊物，不再吸灰塵，讓他高興怎麼堆就怎麼堆，結果家庭變成廢墟般。堆到後來，家裡只剩下狹窄的走路小通道。幾十年的忍耐及衝突下來，這位太太講起丈夫的「生活習慣」，其咬牙切齒的表情令我印象深刻。他們的婚姻不幸福，只因這個生活習慣的不同。

讓人緊張的「衛生部長」與「典獄長」

相反的，也有人對物件的精簡也到了讓家人抓狂的地步。我知道有這樣的家庭：媽媽只准家人每一季擁有20件衣服及3雙鞋子，類似坐牢般地不可擁有過量的私人物品。只要有新買的，會超過的就要送掉舊的，她會在先生上班、孩子上學時就做主把東西丟掉。她自己有這樣做到，也逼先生小孩做到。哇！我真是震撼，像我這樣的「購衣狂」，我若是她的子女早就被趕出家門了。也有人因為潔癖，家裡是窗明几淨、地板永遠光可鑑人沒有灰塵髮絲、廚房浴室就像酒店房般地整齊乾淨。我去她家，我摸過的地方、走過的地板，就看到她跟在後面擦。我看到她要求家人在進家門時，要在玄關把衣服包包鞋子都抖乾淨……有這麼盡責的「衛生部長」，我看到這家人坐在餐廳裡吃東西都緊張萬分，因為怕掉渣而被罵，而做客人的我也是如坐針氈，及早想告辭。「生活習慣」的不同，家有「衛生部長」與「典獄長」，真的會讓人發瘋抓狂。2個人，乘以100個生活習慣的衝突，可以寫一整本書，現在只舉例「床上」的習慣問題就夠了。結婚目的是為了有個屬於自己的棲息的地方，其中最重要的就是有個睡得安穩的地方，睡不好會有許多身心的後遺症，直接影響雙方對共處的意願。

床上的「習慣」茲事體大：溫度

我談婚姻，很少談「床上的性」，因為這方面我不是專家。床上的事，「性」只是其中之一，因為「性」是偶而才做的，而「床上的生活習慣」卻是天天在發生。在床上，有哪些短兵相接的「前哨戰、遭遇戰」？比如溫度。有人不怕熱，夏天時冷氣空調壞了可以照樣工作，吹電風扇也會生病；另一個人偏偏是極怕熱的人，在大熱天裡，冷氣開得像冰窖一樣，即使在春天和秋天都要開空調。一個超怕熱，一個極怕冷，這樣的夫妻必需長年睡一間房，那，是開冷氣還是關空調？有一對夫妻就是這樣，結果是做太太的妥協，睡覺時，都像蠶寶寶一樣，長年蓋著好幾斤厚重的棉被，把自己裹得像菸葉捲一般。所以呢，只要他們前晚有「辦事」，第二天，她的同事們都會知道，為什麼？因為她一定會重感冒。這位女主角告訴我：「我每天晚上都覺得自己睡在『冰箱』裡。我真是想和他分房睡，想了好多年。可是他不答應，說這樣公婆小孩會以為我們感情不好，以為我們在分居、鬧離婚。我和公婆本來就有點不合，先生說，如果我硬要分房，恐怕會讓這個家庭起風波……」她帶著壓抑的哭聲無奈地抱怨。到目前為止這個婚姻因為其中一個人犧牲自我健康而維持著，只是

不知，人到中老年後、不再能耐風寒時，接下來該怎麼辦？難道要讓其中一個人病倒才解決嗎？

無奈：天生的皮膚構造不一樣

另一個個案，太太總覺得空氣不夠，進一家餐廳或到朋友家拜訪就感到通風不良而要求開空調或開窗，且要全開。先生對她的這個習慣很不耐煩，怪她不懂禮貌不分場合要求人家，責備她不該這麼難搞。他說：「有這麼嚴重嗎？妳忍一下就好了嘛！」太太就很受傷，覺得不被尊重。有一次，我在現場就目睹這一幕，她去把窗子打開，先生竟然大聲吼：「你都是心理作怪，明明就有空氣，你一定要把冷空氣弄進來，也不問問別人會不會冷？」太太當場竟激出眼淚說：「怎樣？我的皮膚、我的氣管生來就是跟你的不一樣，你想怎樣？我的老媽老爸把我生成這樣，找他們算帳嗎？」當場，我很尷尬，不知如何是好。我困惑，他們都是事業非常有成的人，只因皮膚構造不同 、造成對溫度的適應度、呼吸的習慣不一樣，所以連共處在一個空間裡都成為挑戰。在冬天有人怕冷要開暖氣，但另一個人會因乾燥而鼻子流血，怎麼辦？無解，無奈。

臥室裡的溫度與光線

開窗還是關窗，開冷氣還是關空調，開不開暖氣……這無關愛情，這有關身體體質及健康大事，這都只是習慣問題，但在婚姻裡，這是重大的事件。在白天，在公共場合，人都要戴面具、都會有所約束，但是，累了一天，回到避風港、加油站、充電站的家裡，終於可以卸下武裝舒服一下，這時如果還不能照自己的體質調溫度，日日要上演不愉快的床上劇情，難怪有人就在床上爆炸、在床上把壓抑了一天的痛苦都發作了。古人說「床頭吵、床尾和」，可偏偏床上可以爆炸、挑剔的事情太多了，往往是「床頭吵、床尾更不和」。床上的事，不是只有「愛做的事」，就算做了那件事，事前事後床上可以發生很多影響情緒及健康的大事。

床上的「光害」問題

溫度需求不同，讓人無法得到休息，光線也是。有人一定要開著一盞小燈才能睡著；有人因為「怕」所以要開著大燈，讓一定要全黑才睡得著的人睡不著。怎麼辦？要去訂製大布幔嗎？要在大床的中間掛個像電影院的大布幔嗎？一邊亮一邊黑？然後在「想要辦事」時再把布幔拉開、上演「小電影」嗎？自從大家買得起第2台電視後，一般人的臥室就有了電視，等於在床上看影片成為日常。一個人看劇情片看到半夜，另一個人習慣早睡早起，那麼電視的閃光就成為後者的「光害」，這時看電視、看手機的人是放大音量，還是必須「靜音」？還是看電視的人戴無線耳機，不看的人戴耳塞？臥室裡的燈及電視開不開，怎麼開，是否可以一直滑手機？雙方需求習慣不同，衝突就不斷……有人因為太

熱、太冷、太吵、太亮而睡不著、睡不穩，怎麼辦？睡不好，對一個人的影響非常、非常大！音害、光害的問題，當然不只是發生在親密關係的床上，只要彼此的習慣不同，它們在客廳、書房、車上都會造成衝突。

夜夜「磨刀」：「強迫症」造成的睡不好是酷刑

拷問犯人時，有這麼一招酷刑，就是不讓他睡覺，很快就讓人崩潰而招供。現在，在婚姻中，另一半讓你每天都睡得不好、睡得不飽、或睡覺時怕你隨興想要聊天、討論、吵架、算帳，或有「夜夜磨刀」的樣子(情緒共同體)……時日久了，真的，有人會發瘋、發飆的。「夜夜磨刀」指的不是真的動「刀」，而是讓人難配合的、不是合理的強迫症般的「習慣」。舉例：我有個朋友老公是非常嚴謹的人，格子紋的床單圖案一定要對齊床沿。很多次她已上床睡了，但他回來的時候發現線條亂了，就一定會把她叫醒，要把歪掉的圖案拉好，要她把床單重新舖好後才讓她再去睡，而且還像「教官」一般批評她「沒家教」……她和他的衝突，由蜜月回來的第一天開始，就因為這件小事。這件事，直到她家庭革命了好幾年，堅持把床單由格子換成花朵圖案才平息。有人很怪異，都是半夜洗衣服，乒乒乓乓地吵得全家睡不好。手機控、秩序控……類似這樣的「強迫症」很多，都只是習慣而已。「夜夜磨刀」，磨彼此的耐性、磨掉原來的愛情與感情……無關對或錯，但家庭不幸福，只因「習慣不同難配合」。

床上的「聲波」惹人煩

「床」上的戰爭，還有「聲音」。有人倒頭就睡、一夜好眠到天亮，在戲台下也可以一夜熟睡；有人可以隨時就睡，卻容易醒來，枕邊人翻個身、上個洗手間或吃個東西再回來入睡，他就醒了無法再睡；有人是一夜起來數次，不斷製造出來的聲音、光線、振動……讓另一個不容易睡好的人瞪著眼睛等天亮。我朋友由於另一半是一點聲音就醒、一點動作就睡不著，所以他在臥室裡像個小偷，必須躡手躡腳地行動，如果驚醒了那個很難好好睡覺的另一半，就會被責備，甚至就要陪對方講話。有人睡前要祈禱一小時，唸唸有辭地還要焚香比手勢，而另一半是不能忍受聲音及香氣的人，但信仰是很莊嚴的，不能阻止的。臥室，是休息的地方，現在，成了小心翼翼、深怕會動輒得咎的地雷區。還有，「能起能睡的豬」有驚人的打鼾聲，有幾個人能忍受？一夜無法好好睡覺的人，天亮後怎會有好心情……還會像熱戀時那樣愛對方嗎？

床上的「電磁波」更可怕

「床」上的噪動，還有無形的「電磁波」。插頭、電線、電視、手機、電燈、電腦，都是有電磁波的，想要完全徹底休息的一方遇到了在床上「活動密集」的另一半，就有如置身「密集磁場」中，這樣如何能好好休息來面對第二天的工作。看書沒有電磁

波，但是習慣在床上看書的人，一樣讓另一方得不到「黑暗」的睡眠環境而無法分泌「退黑激素」，要讓另一方忍受你這「夜間部同學」的干擾，誰能長期受得了？現在看書的人少了，看手機平版的多了，這些3C產品的藍光，傷害了看手機的人，也影響到他的枕邊人。

床上的「風水」問題

睡覺的習慣，很難改。有的人睡的位置要靠左邊要向左側躺，有的人一定要靠右邊才睡得著。有人迷信方位，聽風水師的話，堅持要把床放在根本就不合房間空間、活動動線的怪位置上……有的人倒頭就睡，像隻豬一樣，但另一半可能輾轉失眠，於是會怪光線不對、心情不對、溫度不對及方位不對……這也不對，那也不對，最後的結論會是「人不對」。失眠的一方，難免就叫對方起來講話、聊天、分享、「共同成長」……天哪，這種事，在結婚週年或慶祝生日那天可以偶而為之，如果天天都要這樣、讓人長期缺眠失眠的話，一定會造成許多後遺症的。比如：遲到生病、影響工作事業、接著會發生「情緒共同體」爆炸。婚姻裡「床」上的故事，素材太多了、可以寫成一本書；「床」上的品質，會決定第二天及後半生的工作品質、決策力、事業的成就、個人的個性、婚姻的品質……實在習慣差太大的話，就分床或分房吧。聰明的人就會決定分房，而非要強迫另一半改變或自己改變。若不認為這些無關對錯的小習慣不重要，於是，臥房裡的長期衝突就會累積成為一個大地雷區。

「夜生活」是生存問題：「我只是想活下去！」

有一位太太堅持要和經營跨國企業的先生分房，起因只不過是因為另一半的睡眠模式讓她得了憂鬱症。她的先生是個半夜也要接國際電話的企業家，在床上有活動桌子，用筆電隨時上網寫信給在國外的員工，一夜都無法安靜下來。接完公事電話，就用手機及看電視。喜愛高級音響的他，每個房間都裝著大音響和電視，最誇張的是在臥室裡，竟同時裝了兩台電視，還同時都開著，而且，聲音都大得不得了。這位先生的「夜生活」是非常「豐富」的，即使沒有國際電話也會要起夜上洗手間，還時不時要吃點宵夜、或是和算命先生討論運勢。

這樣的「同居人」會開著超低溫的冷氣，由年頭開到年尾，燈當然是每一盞都開到最大，因為，「這樣才會發」「家庭才會旺」「公司才會賺錢」……他有許多具體的理由不斷地製造各種令她發狂的聲、光、色、波……這樣痛苦的「床上生活」持續了20年。戴著耳罩眼罩睡覺的她忍受了20年，她說她已經多年沒好好睡過覺了。到了臨界點，她在幾近崩潰之下堅持分房，為此破壞感情她也無所謂了。她說：「我只是想繼續正常活下去！」她不想得到失眠症、風溼關節炎、精神衰弱症、憂鬱症。工作一天，賺錢交房貸，人人養個家就是為了充電補氧，煩惱壓力，最好的排解與處方就是好好睡覺，人人須要好的「夜生活」來走更遠的

路。若床上的人就是你的「過敏原」，就是你睡不好的原因，這家庭就不但沒有功能，反而是有害空間了。

兩權相害取其輕

無關對錯，只是無法共處一室，共睡一床。她說：「分房後，我終於能好好一夜睡到天亮，這是多年來都沒有過的享受。分房讓我們的關係開始變淡，但，這個代價我覺得很值得。」這個例子提醒大家，千萬不要強迫另一半在臥室裡照你的習慣來生活。睡好覺是人權，讓彼此的睡眠功能正常，不合？就「分床或分房」吧。婚姻這件事，本來必須在一起的只有臥室，但如果「床上的習慣(溫度/光線……)差別太大，只好連「床」都不必非得在一起。相愛，不等於習慣相同相配合。所以，若臥室裡還能合，其它在浴室、廚房、客廳、社交面的習慣不同，最好就「高抬貴手」或「視而不見」，就趕緊努力賺錢買更大的房子，讓雙方使用獨立的私領域空間，讓雙方的習慣與功能不衝突。兩權相害取其輕，這是婚姻人最挑戰的心理準備與責任，也是準備要共渡一生的基本態度。只不過，《離婚免疫學》守則：分床、分房、分居……這都是隱性離婚、慢性離婚，要小心，不要導致非預期的結果。

餐桌功能定幸福指數

上面只是談到「床」上的不合而已，還完全沒談到「廚房」「餐桌」「客廳」「應酬場合」的「習慣」的不合呢。「共同生活」中的重要主題，有「床」和「飯桌」。過去說「抓住男人的胃，就等於抓住他的心。」說的就是能滿足男主人的飲食，女主人就穩住了婚姻。在許多戀愛劇中，現已出現很多黃金單身漢男主角也是料理高手呢。飲食本來就是生存、生活的主題，當然也成為婚姻的重要功能。如果一家人天天在一起買菜吃飯，可斷言這家人是幸福的；若都不在一起吃飯，三天兩頭都沒有機會坐下來吃東西，這家人應該已是功能很少，接近形式家庭了。目前因為超商、超市、餐廳、外賣的發達，以前黃臉婆沒有功勞，至少可以靠「苦勞」維持存在感及地位，現在一個會煮飯的女人，「功能」及價值已大不如前，想要餐餐吃得好的人，不必「為了喝牛奶而養一頭牛在家」。

放響屁竟也能造成「閃離」？

婚後不幸福不開心不舒服，不是愛的問題，是衝突的習慣太多太大，如此而已視。衝突有時很小、也很無辜，有一個真實的個案：一個二度梅開的富婆，在新婚之夜洞房裡，大方地放了一個響「屁」，結果不可思議，當天那個也是二春的新郎掉頭而去，很快地她「被」離了婚。原因？新郎就是明言，他認為任何女人在他面前放屁是不行的，他就是因此要離婚。總之，「生活習慣共同體」能有多少的不合？造成多少的「功能」失落？看

多了各種婚姻，真是感慨，有的根本不該認識、不該結婚、很難共處一床一房的夫妻竟會湊到一起互相批評與折磨？這也實在是造化弄人啊。

婚姻出現「教官」：習慣就是第2個上帝、不合的習慣就是魔鬼

「配錯」的配偶，只因「習慣」有嚴重衝突。要及早覺悟，「習慣」，就是第二個上帝，是很難改的。好的習慣適合當事人，未必被另一半肯定。比如：有人從小所有的東西都要立即歸位，而另一半就是隨用隨放，歸位的好習慣就成為另一半的壓力。習慣就是第2個上帝，不合的習慣就是魔鬼，造成雙方的衝突。衝突時，就產生「聽誰的」及有人要「改變」對方的的僵局。婚姻成為「改造教室」「管訓所」，有人就得改變一配合，但，除非是特殊原因、非常手段、極端事故，一個人的習慣才能改，不然誰也不能更改另一個人的習慣。就算要改，也要那個人自己說要改，才有可能改。憑什麼因為「你是我的配偶」，或是「你是我的父母」，我就得因為「身份暴力」而改變？可愛的「老公老婆」，從此變成「老爸老媽」，這就是「婚變」的一種。然而，「生活習慣」，是長年累積的，雖然讓別人不順眼、不順心，然而，大部份的「生活習慣」是無關「是非」「對錯」與「道德」的。生活習慣不同，連雙胞胎和同門手足都會有，何況是來自完全不同的家庭的兩個人。沒有人想要找個「舍監」「教官」來共

同生活的，當初會結婚，只是想快樂上床、吃飯、生小孩，並不是想找個「舍監」、一個「教官」來矯正自己的習慣。

「自強」吧：「生活習慣」的衝突比較好解決

比起「情緒功能」的不合，我認為「生活習慣共同體」的衝突比較好解決。「情緒問題」，我的建議是「自保自救」，因為抽象的情緒很難對付；而對「生活習慣」的不合，我的建議則是「自強」。想主導生活習慣的人，不要客氣，拿出辦法來。改生活習慣比改性格容易，比如擠「牙膏」，看不順眼對方隨便亂擠牙膏的話，只要有能力買兩管牙膏，不就結了嗎？難道你們連兩管牙膏都買不起嗎？各有一管牙膏，就沒問題了。誰規定一家人就只能擠一管牙膏？這樣，你擠你的前面，我擠我的後面，各擠各的，誰也不用改習慣，就皆大歡喜了。有人會說：「我怎麼會買不起2管牙膏？我就是看了會生氣。」那就想辦法「不看到」，那就努力賺錢，買雙衛房子，用兩個盥洗台分別使用。如廁習慣看不順眼的，與其長年抱怨指責，不如乾脆用年終獎金來裝設兩套廁所設備，或買一間有各自浴室的大房子就得了。買2管牙膏、買2個洗手檯、設備2間浴室…… 買2張床或睡2間房，這種投資，絕對是划得來的。區分家裡的各人的「領域」：有潔癖的人可把自己的空間設計成禪房或茶室，在自己的空間裡窗明几淨，服裝分類分色置掛；而愛堆東西、丟東西的人在他的空間裡繼續堆倉庫搞髒亂，讓雙方在婚姻裡都過到自己想過的日子，有

點不自由，但能自在又舒服。雙方都保有自己的習慣，舉手之勞，只要保持距離，就能各自得樂。

眼不見為淨：只要你願意，沒什麼不可以

只要你願意，你一定做得到，只看你願意不願意：不要再盯著對方，不管對方怎麼擠他的那管牙膏，你眼不見為淨就好。「生活習慣」，表面上無關「是非」、「法律」、「對錯」、「道德」、「倫理」，它會影響一個人生活及感受，但，只要「你願意」，你就一定能接受再怎麼奇怪的習慣，並想出法子來相安無事地相處。只要對方的行為不是「禍國殃民、作奸犯科」的犯法行為，你就不要發表高見及批評就好了。就是這樣簡單，容許對方在他的私領域做他習慣做的事情。為什麼你一定做得到？因為，你在辦公室和商場裡，一定有比你的配偶更讓你受不了的同事、老闆、客戶，你一樣都看不慣他們的習慣，但迫於形勢，為了飯碗訂單，你都能與他們「相安無事」共處到退休。足證是否發生衝突，全看你願意不願意「接受」不同的習慣、並且放下「改變對方」的企圖而已。習慣這種事，看不看得順眼，要不要計較，不是對方「該不該」、你「能不能」的問題，而是「願意不願意」接受並不評判的問題。「非不能也，實不為也」，婚姻中人，讓婚姻使我們成熟，就是要從這裡開始。

「以空間換取心情」：各自獨立但不分開的生活空間

已結婚了，發現對方自己受不了的習慣了，你也知道自己應該「不再去批評及要求改變對方的習慣」，但你就是做不到，那怎麼辦？那就只有「以空間換取心情」，讓雙方的生活空間裡習慣的衝擊降到最低，把距離拉得較大。用安全距離來解決「生活習慣」的問題，只要這個距離，有點遠又不是太遠，不要遠到兩人覺得不像一家人了就行了。只要動動腦筋，運用坊間各種服務設備，在室內設計、盥洗用具上用點心思，作息、動作、口味種種不同的生活習慣，都可以不再是生活裡時時起衝突的細節。將時間與空間技巧地錯開，就可以不讓「生活習慣」太影響婚姻，這樣至少能讓它的破壞性減少到最少。各自獨立生活空間，不是「分開」或「分居」。在我沒結婚前，聽到一位電影明星在電視上公開說「如果結婚，婚後兩人的生活空間要各自獨立」，當時很困惑：「結婚不就是兩人相親相愛嗎？空間獨立？那還像個婚姻嗎？」我結婚後就明白她的道理了。不想被影響、被改變的人，就出錢用鈔票創造點距離，想主導的人不要客氣，拿出辦法來。

「分偶」的形勢形同「分居」

如果生活習慣真的彼此干擾得很厲害的話，為了情感能平安到老，就該把空間設立「獨立性」。在交通發達，商業活動跨空間

的現代，有許多婚姻是「分偶」的，也就是「夫妻是分住在不同的地方生活或工作」，久久才見一次面的。有人就因為夫妻在不同城市或國家工作而長期分居兩地，成為小別勝新婚的「分偶」。就算都在一個城市裡，但因為上班、上學的動線不同，或是為了孩子住在「學區房」，結果夫妻兩分住不同地方。或先生或太太在別城他國工作，把錢寄回故鄉，由農民工、外勞、專業人士到企業家，「逐水草而居」造成一家人在不同的城市讀書、工作、生活，讓一家人在一起的時間很有限，進而成為越來越陌生的「分偶」。若只有在結婚、生子的前後有點時間相處，日後，就分散各地謀生活。這種夫妻，在一起恩愛的時間是有限得令人驚訝與同情的。特別是被老一輩隔代教養的留守兒童，因家鄉太遠、路費太貴，要好幾年才能和遠赴他地的農民工父母見上一面，根本連親情都無法建立。夫妻不共同生活在一起，如果因聚少離多而小別勝新婚、本來在一起就吵架的人會因此珍惜在一起的機會而不計較什麼習慣的合不合。但最常見的結果是，這種夫妻已沒有「生活習慣」的問題，因為，根本沒有共同生活啊。「分偶」的形勢，造成許多形同已「分居」的家庭。分居久了，感情就會淡化掉，無話可說的夫妻，讓默片成為唯一的習慣。

兩地夫妻、多國家庭：有錢沒錢都有「分偶」

有些家庭為了工作、學業、事業而「妻離子散」，也有像菲律賓、越南等國的「出國傭人」，到工資較高的國家做「外籍傭人」，他們都是離鄉背井，為了照顧著主人的孩子而與遠離自己的孩子。辛苦存錢把錢匯回故鄉，只盼著一年一次見面的夫妻相處。為了那幾天的相處或姻緣，就要長期忍受寂寞及持續做貢獻？別以為這是經濟條件差才會有「分偶」，其實有錢家族的分偶更普遍，或是因為事業太大夫妻必需分別出差，或是兒女都在不同國家的名校求學，或是各自有錢有閒而環遊世界。我就認識這樣的家族，要分散在世界各地的全家同桌吃個飯，只能等過舊曆年，而且還有許多次還沒辦法都全員到齊呢。為了讓孩子成為小留學生，讓太太「內在美(內人在美國、加拿大或澳洲……)」、先生成為為了全家的開銷留在國內賺錢的「台獨(在台灣獨身)」，這樣的分偶，讓「生活習慣共同體」的衝突減少，因為沒有「共同生活」啊。

沒有「生活功能」的兩地夫妻已成「掛名夫妻」

有些「分偶」是不得已，但有時候「分偶」是解決「生活習慣」衝突大的方式之一。有些婚姻能白頭偕老，竟然靠的是「在一起的時間」很少，因為在一起時因生活習慣與價值觀的嚴重差別，一言不合就會起衝突，於是就選擇了「分偶」。住在一起的時間不多，能緩解「生活習慣」的差異，但長期分偶，沒有共同生活、只有金錢供輸的關係，日久必定成「形式婚姻」，不但沒有共同話題，也習慣了「沒有對方的生活」，甚至在一起生活時反而不舒服。如果雙方沒有滿足對方的共同生活功能，也不叫夫妻了。分偶家庭的成員，都越來越「獨立」，都「習慣」沒有對方而自己好好的生活，結果成為訓練彼此都不再需要對方的「兩地夫妻」「形式家庭」了。

婚前：用「試婚」「同居」來發現習慣問題

避免兩人無法共同生活，就要在談戀愛時用有效的交往方式，比如長途旅行，目的在事先測試出雙方生活習慣的爆炸點。花前月下吃飯看電影，是看不出習慣的。當前，有很多人主張要「試婚」「同居」一段時間再決定是否要結婚，是有它的道理的。不要因「愛」而沖昏頭，要事先驗證一下，看否「生活習慣共同體」能否配合，對方是否不會阻礙自己的生活基本功能、嚴重干擾到自己已習以為常的生活作息。發現對方有自己絕對不能忍受的習慣，即使只是小小的習慣，只要它是會讓自己「無法呼吸」或違反自己的三觀「道德標準」，因而嚴重影響生活品質及心情的話，建議就不要走進婚姻，交交朋友就好，以免日後活在「無期徒刑坐活監」的世界裡。

生活習慣不同：可以是衝突也可以是樂趣

其它的「生活共同體功能」，限於篇幅，也就不必談了。點到為止：邋遢鬼和潔癖神住在一起，誰決定家庭的衛生水準？太陽神和夜貓子結婚？他們見面的時間就很少，最後形同是同寢室、搭伙過日子的室友而已；急驚風和慢郎中一起生活，一起做生意，可以想像他們可以吵架的事情有多少；先生開車永遠不願意問路，太太是隨時到處問路，於是一上車就吵架；先生開快車讓太太心臟病快發作，太太開慢車讓先生火大……我認識一對夫妻，每次一起上車就會吵架，先生說太太開車開得不對，換先生來開時，太太就怪先生走錯路，他們在下車時，常常是粗話以對，而他們平時都是溫文儒雅的人呢，只因開車習慣不同。但「橫看成峰側成嶺」「好山好水，一念之間」，生活習慣的不同，可以讓它們成為衝突，但也可以是樂趣，和不同的人在一起生活，不就是人生的再創造嗎？如我的口頭禪，如果想要找個和你完全一樣的人結婚，那就只有找「鏡子」結婚了。

搭配得好的生活習慣，是黏著劑與強力膠。

載舟覆舟，說完「生活功能」的負面，得說說「生活功能」的正面。其實，「生活習慣」可以是幸福的來源，它就是最好的黏著劑。如果並不想、或不能住在一起，那結婚幹嘛呢？那就繼續寫信、通賴或微信、異地戀、遠地戀、柏拉圖戀、精神戀就好了啊。兩人在一起覺得吃行住坐臥都非常舒服，這就是幸福的強力膠。只要你認同對方和你不同的習慣，甚至養成和對方一起活動的習慣，婚姻就更牢固了。煮雙方都喜歡的菜色；說話讓彼此都歡喜；居家佈置兼顧大家的品味；交往配合滿足每個人的需求……共同的生活習慣一致性越高，「共同的感情」就會越好，

因為生活會更舒服及自在。這樣的組合，會因生活上的方便、習慣的深化而使關係更深入，有這種「功能」的配偶，最後即使感情不好、外貌變窮變老變醜都沒關係，因為，生活在一起的舒適、輕鬆、不累與默契，生活習慣就成為關係的黏著劑與強力膠。

同頻的生活習慣：活得舒服的「連體嬰」

度過開始的磨合期，「有他不好過，沒他過不好或過不了」，生活已有默契後，彼此滿足生活功能，一起吃飯、散步、花錢、睡眠、社交得妥妥的，兩人就能活得非常舒服，繼而成為「連體嬰」，從此就經得起其它的人生問題挑戰。如果「共同生活習慣體」的功能很差，兩人很少在一起，天天有吵架及失望，生活習慣就成為毒藥或傷人的刀槍了。我曾問許多老夫老妻為何可以廝守數十載，他們沒說肉麻的「情呀、愛呀」他們說：「我也不知道，就是習慣了啊。」「就是離不開他(她)就對了！」為什麼？是誰離不開誰？反正已搞不清了，只是因為生活習慣已結合在一起了。《功能婚姻》主張在婚姻裡「投其所好」，「投」什麼？就是投其「生活習慣」啊。

不同不等於不對：習慣一定會不一樣

傳統都說「個性不合」，其實就是「生活習慣不合」，「鍾鼎山林，各有其志」，沒有誰對誰錯。什麼叫「個性不合」？就是向對方的生活習慣加以批評，於是雙方的日子就過得不自在、不舒服了，這就是「愛情地基」受傷、「感情功能」「情緒功能」受損的開始。每個人都想照自己的意思生活、吃自己喜歡的東西、依自己習慣的方式做事、作息、生活……結婚也是追求這件事的行動之一。習慣一定會不一樣，只要具備「不同不等於不對」心態就行了。舉例：太太酷愛泡溫泉練瑜伽，先生很宅。太太慣吃素的「悅性食物」，不碰油炸與冰冷，先生每餐都大魚大肉又重油……只要先生不限制太太泡溫泉做瑜伽與吃素，這個婚姻就安了。

不要接受不合理的習慣

不管你拿多少錢回家、為這個家做了多少犧牲，但只要你讓對方不能過他想過的日子、繼續他的習慣，那麼你的付出不但得不到感謝，且可能還會被嫌棄呢。婚姻，不該限制一個人的合理習慣，但前提是：這個習慣必須合理。不合理的習慣，就得改，另一方不要客氣。不合理的習慣當然不能被接受，比如抽煙給人「二手煙」的毒害；不洗澡不刷牙還想親吻別人；吃飯把食渣吐在別人的面前……侵犯別人的尊嚴、權益、影響健康、整潔、情緒、安全、衛生、觸犯社會法律、婚姻條款與道德的，就是不合理的習慣。

火上加油：情緒+生活習慣的衝突

面對難以理解的「標準」或太多要求，你要有勇氣拒絕。有人主張，不要和做老師或律師的人結婚，因為會面對有很多、甚至很嚴格的「標準」，就等同於和教師教官生活在一起。越是對婚姻努力「經營」的好人，因求好心切往往就成為「嫌」妻「涼」母「嚴」夫。如果對方已有難以預測的「情緒氣候」讓你在精神上緊張，若還有難以了解及預測的、不合理的「生活細節習慣」讓你在身體上緊張，會讓你害怕不知何時何處又有地雷出現，那這個婚姻就太讓人累了。

「好為人師」的人當「自強」

結婚，只因為「相愛」，沒想到「相合」的問題。要合什麼？個性合不合、情緒合不合、生活習慣合不合……，婚後才明白它們的重要性。生活習慣，不可以傷害對方、家庭、社會、地球，道理上是：只要不會妨礙到別人，有何不可？但問題是，共居一室，肯定會妨礙到另一半，如果不合，對不起，已經結了婚、蓋了章、上了床、懷了孕、生了小孩、買了房子了，來不及「退貨」了，已經綁定得住在一起了，這時怎麼辦？接下來只能有2條路。：一條是想主導的人不要客氣，鼓勵你拿出辦法來「自強」。我全力支持要讓對方改變習慣的念頭，但你要有「培訓」對方成為你的「同志」的方法和本領。

想改造對方：「培訓」要有方法

你要增加自己的籌碼、改造別人的能力及發言權，才能讓對方就範，因為「一條船不能2個舵」，重要家規就得統籌，不宜多頭馬車；我不反對要「培訓家人」的意圖，但得要有方法。你要有本領營造「照自己的意思生活」的空間，拿得出辦法的人才能如願。「生活習慣」是頑固的，你想要改變、主導對方生活習慣？就要自問：有沒有改變對方的資源及技巧？「生活習慣」的主張只要不影響家人的「健康、整潔、情緒、安全、衛生」及「觸犯社會法律、婚姻條款與道德」，在這個前提下，拿主張的人不要怕，就直接定家規。婚姻本來就是權力對壘，資源多付出大的人就可以提高主導權。以讓「生活共同體」能夠具備起碼的「功能」為積極目標，別讓這一個共同體破壞到其它的功能為消極目標。

改造對方的條件：感情還在嗎？

婚後若要改他(她)，必須要有一個元素：他(她)還很愛你，才有可能聽你的感受而試著調整。當這個元素不存在時，你休想他願意被你改。其實我很明白，一個人在婚姻裡習慣不願妥協的背後原因，通常是「情感功能」已受損，對自己的選擇已後悔的人，就什麼都不願意改，甚至會故意闖地雷區求爆炸。為何有人願意面對不同的習慣而能「投其所好」，但有些人就是不願意？我敢說後者是因為其它的共同體出了問題，沒有了愛的地基，以致於不

願妥協。願意妥協的一方，往往是在關係裡處於弱勢，或有求於另一方，或感恩之前的恩情。若感情已淡薄了，你還想改對方，呃，「門都沒有，連窗子都沒有。」

建立家規：想改變對方就要付代價

結了婚，生活習慣一定要改。住學校或公司宿舍都有規章，租房子也有密密麻麻的租約條款，何況是親蜜關係的夫妻生活。婚前，看到對方讓自己不滿意的地方就「自我合理化」：「沒關係，結婚以後，我可以改變他(她)。」「他會改變的，他有承諾的。」「他這麼愛我，一定會為我改的。」……哈哈哈，真是天真又自信啊。因為對方只是想和你成為配偶，並不等於他願意為你改變習慣。對方的習慣處處觸犯你的標準或價值觀、讓你的地雷區天天爆炸，小心小事可能累積得讓人發瘋、抓狂、甚至想殺人都有可能的。所以，有問題就要解決，不要拖延或忍耐。容不下的習慣，最好在婚前就發現，若沒有經過「同居或試婚」的過程，等婚後再發現，除了「追認」以外，誰想決定生活規則，誰就要拿主張。但你要有心理準備，這件事你要付代價。因為原先結婚找的是共同「吃飯、上床、睡覺、生小孩」的對象，現在附加了「教官」「老師」的角色，你若「感化、點化、轉化」他(她)成功，關係就變質了。若沒有「改造」「改變」「改善」家人的本領而沒成功，就吃力不討好、賠了夫人又折兵，讓情感受傷，讓情緒緊繃而讓婚姻開始變壞……改造成功會造成後遺症，可能會傷及其它功能，你就要想：是堅持改造，還是讓對方保持他的「習慣」？所以，是否考慮妥協，保持生活距離，以策平安寧靜呢。

有壞習慣的人最好乖乖修改

第2條路呢？如果你忖度自己的能量無力對抗，或實在非常愛對方而想取悅對方的話，那你就讓對方改你吧。想辦法接受，認命，誰讓你自己選了這個人來結婚呢？凡是有會影響「健康、整潔、情緒、安全、衛生」及觸犯「法律、道德」的「習慣」的人，你當然在婚姻裡就不會被接受。有這些壞習慣的人，覺悟並快點改吧。總之，一定要想辦法協調出共處生活習慣的模式，因為，這門功課，是鐵打的「必修科」，它不能是「選修科」。共同生活的「功能」，就是結婚的目的，別讓壞習慣阻礙了這個大事。

「好為人師」的人可把「培訓」精力放在兒女身上

你可以培養「子女」習慣，但不能改造「配偶」的習慣。
多少人在各種「共同體」不合時，努力地「帶動全家的成長」「想要改造對方的習慣」，這都是正確正常的行為，只是「對象」要有選擇。是人就難免會有教育家的欲望，「好為人師」的人，可以把這項偉大的任務施展在子女身上，因為他們是一張全新的白紙，可以由你自由揮灑。但也得在小時候，到了青少年？

你想建立他們的習慣，想培訓他們，那就不知誰培訓誰了。不過提醒天下同樣的父母心，按照藍圖計劃培育子女成才的人很多，沒成功的也不用失望，原因之1，你自己的基因，加上自家的教養，家裡若有3個小孩，竟會有3個樣，表示你只能努力，但兒女要長成什麼樣不由你拿主張；原因之2，孩子長得不是你的「理想」，這樣的結果更好，孩子更快樂，世界更精彩。話說到此，插話講講：既然你自己的基因，加上自家的教養，都不見得能養出你「理想」的小孩，那麼，你的另一半，身為別人家養大的一個成年人，當然就不可能活得如你的「理想」，你也不該指望可以培訓另一半出現希望的習慣。

嚴重的習慣衝突，可能是精神病症

「配錯」的配偶，衝突只因不同的「習慣」。以前，我認為，「配錯」的配偶，不是愛不愛的問題，是「習慣」有嚴重衝突而已。但現在，我發現有些「習慣」可能已經是「精神病症」？會自閉憂鬱很久不講話、能長達8個小時坐著看電視滑手機、會動不動就語言行動攻擊別人、毛巾不能掛反、打遊戲或說話無法停止、嚴格的「乾溼分離進食法(吃飯時不能喝水，喝水時不吃固體食物)、手機控、秩序控……類似這樣的怪異習慣，有些已接近「強迫症」了。這種藏著精神病症的「夜夜磨刀」，奇怪的生活方式，就不能再以「我的個性就是這樣」來當說詞。這種共同生活方式，肯定會磨掉彼此的耐性、磨掉原來的愛情與感情……

無關對或錯，但不但沒有「共同生活」的功能，對方的「習慣」還製造「共同生活的恐懼及壓力」時，就談不上什麼愛情與法律，肯定有人會想逃走的。所以，只要彼此都不是精神病症，有一些壞習慣，哎，就放彼此一馬吧。結論，「情緒」問題宜「自保」，因為抽象的情緒很難對付；「生活習慣」問題則是要「自強」，想主導的人不要客氣，拿出辦法來。

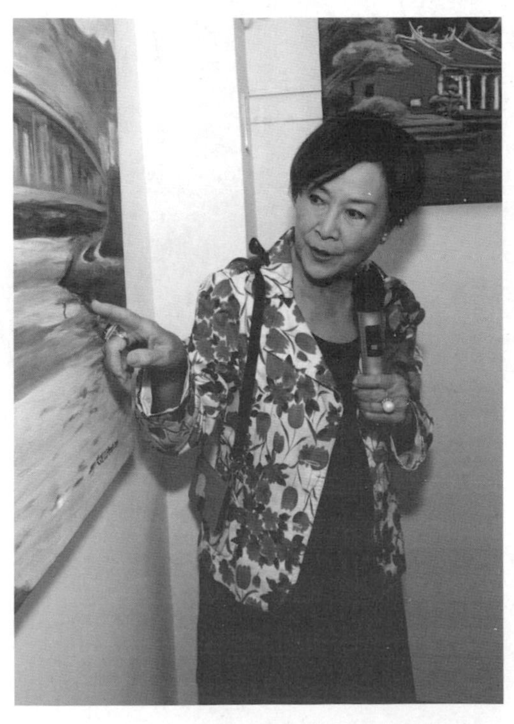

功能4

性生活共同體

必修科

「性功能」必修科：無法打折扣&找「代工」

「性生活共同體」，本來就是結婚的基本動力及目的，是一定要成功的「功能」之一，它當然是「必修科」。食色性也，性，是人生在世的最主要動力之一。吃東西、上洗手間的習慣不同，只要你願意，就可以想辦法不讓它爆炸。如果不能、不願意、拒絕配合「性的滿足」的話，說真的，這個婚姻遲早不保。這個共同體能否妥協或折衷？做飯做菜現在有許多代工與服務業，但若「色」這個功能在婚姻裡無法滿足的話，對方也去找「代工」怎麼辦？那這個婚姻的實體還剩多少？無法給予對方這方面的滿足與幸福，嚴格來說已不叫婚姻了，除非對方同意「柏拉圖式的婚姻」。「性功能」是「必修科」，雙方功能正常、需要也在時，若「性」福指數不高，就是婚姻危機，也是夫妻失職了。除非是生理、心理上有先天、後天的疾病，除非對方的要求是病態、變態或強人所難、不尊重異性，配偶有義務要迎合對方合理的性生活要求。性不協調，因此分床、分房、分居……這都是隱性離婚、慢性離婚，要小心，不能率性為之。

「性」不「性」，由不得你！

「性生活功能」，是一個無法輕鬆面對的共同體。是想和對方上床、且還希望繼續和對方上床，所以才動念要步入結婚禮堂的。婚前談戀愛，既不談「錢」也不好意思談「性」。偏偏，性生活

的功能指數，決定了婚姻的地基。但是，「談」得來的兩個人，「做」卻未必水乳交融，每個人的身體狀況、興趣及需求都不同，因此就會產生各種期望與失望。沒結婚，你可以拒絕；結了婚；你就有了履行「夫妻生活」、「共居一床」的義務，即使你很累、你不想、你根本沒興趣，這時想說「不」，就沒那麼自由了。「性」不「性」，由不得你，因為這就是婚姻裡的約定。法律有規定，你有「履行同居的義務」，其中當然包括要滿足對方的性需求。但，性行動是一個複雜的行為，如何滿足？何時、何地可以「要」或「不要」？「要多」或「要少」？滿足的頻率及品質，真是如人飲水，各有心證。一般共同體的爭議或衝突，可以「公說公有理、婆說婆有理」，吵到讓鄰居親友聽到也無所謂，但「性生活共同體」卻是非常隱私、很難啟齒、不便向外找公道的。

性，不是脫了衣服才做的事

性生活的密度及強度，人人需求不同，這個道理人人都懂。這方面我不是專家，只想強調那件「愛做的事」的心理部份。要討論「性行為」「性功能」，一般人以為它是「情趣」「技巧」與「體能」的事，其實不是。真相是這樣的：性，不是脫了衣服才做的一件事，它是花一整天時間營造得好晚上才會做得好的一件事。它，不是脫了衣服才開始做的。也就是說，「性生活共同體」，與「情感、情緒共同體」、甚至「生活習慣共同體」都密切相關。如果10個共同體裡已有許多的爆炸及心結，到了晚上又想「相好」，這時候，就要看另一方是否有雅量、有「千變女郎」「變色龍」的身段，能把不愉快的事和這件事區隔開？

性，是沒有其它傷痕才願做的一件事

如果白天已發生不愉快：為了錢而爭吵；被發現有外遇；因孩子的管教問題而口角；講了一句深深傷害對方的話(而你可能還不自知嚴重)；過去不愉快的舊事又被提起；與長輩有了嚴重衝突……心中的氣及怨還在，且可能還在擴大中……當下豈有可能，只因到了晚上，突然又能成為妖嬌美麗的蕩婦或令人興奮的猛男？有個男人白天動手打了老婆，晚上買了一束花給太太就想「辦事」，結果太太不從，他就又「動手」，最後，「性趣高漲」的這個男人成為「家庭暴力」的被告。性生活，牽涉到「情感、情緒、生活習慣」，都要顧好。

小心被「夜間部同學」打敗

婚姻不良，有許多原因，但性生活不合，確實是基本原因之一。須知，性，不是華燈初上，脫了衣服才做的一件事。不明白這個道理的男人，白天在婚姻的其它共同體中，不知輕重地隨便引爆地雷，到了夜晚以為馬上就可以「享受春宵」，這就是太不懂女人了。人類的「性」，不是動物性行為而已，更多的是心理、面子及情感的複雜整合。性的情境，白天沒處好，晚上就不會燕

好。白天讓配偶不快樂、給人家壓力或羞辱的人，休想晚上你的「夜間部同學」能和你把「大夜班」的功課做好。脾氣壞的人，白天任性說話欺負配偶的人，每天晚上就會見證一張「成績單」：性生活是關係的一張綜合成績單。很多自以為是對方的配偶，就有「權」 逼對方「履行婚姻義務」，實在是太天真了。因為，即使在法律倫理上對方「應該」滿足你，但，沒有感情，不想與你有「人與人的連結」的人，是不可能給你良好的性關係的。美好的「性」是綜合條件，幸福指數靠另一半的配合。「性」總是為不良婚姻揹黑鍋，它並不是婚姻美滿與否的唯一原因，但肯定是重大原因。哪管你在家外多能幹、多風光，但是回到家裡，「性」功能要靠「夜間部同學」的配合，若沒有伺候好另一半，不管你在外面能威風八面打敗多少人，在家裡你就是會被「床上那個人」打敗，於是，你在床上被自己打敗。

「床頭吵，床尾和」：「性」功能的維繫力強大

我也知道這樣的個案，他們不在乎白天發生什麼問題，即使有再不愉快的事發生，晚上雙方都積極地尋求肉體上的滿足，這就是古話說的「床頭吵，床尾和」。這樣的婚姻，「性生活共同體」100分，「性滿足」功能高分，恭喜他們。不過，這個婚姻很特例，後來他們都因為性慾太強而都有了外遇，最後還是離了婚。只能說：有「性」的功能的婚姻，維繫力強大，但光靠「性生活」的滿足，恐怕還是維繫不了婚姻。

性生活是「必修科」：高分可以彌補其它的功能缺失

「性功能」是婚姻的重大目的，也是關係存續的「必修科」。前面花了最大篇幅談「情緒共同體」，因為它影響所有的共同體。如果沒有「性功能」的滿足，晚上的失望或憤怒一定會在白天「化身」為壞情緒來挑戰另一方；如果性能被滿足，其它不合的共同體都能較被接受。性功能的功能強大，可以可以彌補其它的功能缺失。個性格格不入、情感淡化、情緒無法相處、金錢互不相通、親友互不相容…的婚姻組織，只要還有「性功能」的存在，就可以存續到「白頭偕老」，所以性功能是必修科，夫妻要善用這個功能。

女人和男人的「雞同鴨講」：火星人vs水星人

「床」上要調適的習慣已很多，「床」上的最高點就是「性」，偏偏它對女人和男人的意義和功能，是如此地不一樣。男人要的時間點、方法、時間長和女人，往往就是不同；女人要的是前戲撫觸的溫柔、愛的語言、保證及感覺，甚至還要尊嚴，但男人要的是立即的解放及發洩，他們沒興趣也沒耐心「前置作業」，因為「來不及」及「要把握」。有人規定一個月只能有幾次，且環境時間點都要講究，必須燈光美氣氛佳，另一方卻想要隨機隨時隨地。男人來自火星，女人來自水星？我看，各自來木星、士星、金星皆有可能，因為每個男人女人都可能有獨特的偏好及需求，會有完全不同的反應。

女人和男人的「雞同鴨講」：女人拒絕VS男人強迫

白天有了其它衝突後，女人會生氣、傷心不願被碰，以拒絕表示不滿，偏偏男人是白天越有衝突，反而晚上越有「性趣」。因為他的性趣及征服欲被激起，更想要證明彼此還有真實的關係。女人用「拒絕」性來證明自己受傷的深度及對配偶的「不滿」，而男方用「強迫」性來「求證」自己的身份。雙方的出發點都是「愛」，都是一樣的愛的需求，但用不同的方式來傷害對方，繼而產生更多的衝突。

婚姻裡的悲劇：合法但不合適，合適的不合法

「性冷感」「性低潮」「性冷感」「性解放」「性壓力」……都與情感、情緒有關，與技術及功能沒太大的關係，「性暴力」也是如此。這就是為什麼已不喜歡配偶、在潛意識中已根本不想跟對方牽手走完人生、只是因為諸多因素而維持表面婚姻的人，會很自然的地對對方沒有性需求、無法性衝動、會性冷感、會想盡辦法逃避「上床」這件事，即使自己很有這方面的需要。雖然有具體原因，但根據法律，感情出走及違背「性忠貞」，就是違反了一夫一妻制的婚約。但世上就是有太多的「合法但不合適，合適的不合法」的關係，於是「假面夫妻、掛名家庭」的背後，可能是各活各的，各有粉紅知己及藍顏知己。

「情感」與「性」功能不能請「代工」

「10個功能共同體」都是親密夥伴，總會有些功能有外人代勞，唯獨「情感」與「性」功能不能請「代工」。臥室里的活動，無法找「代工」。但，「合法的不合適，合適的不合法」，這就是人間無奈。嫖妓已有罪，但外遇必有理。沒有感情，不給功能的人，拒絕簽字，就是在虛耗雙方的人生，於是在人道上，大家就只能心照不宣地進行「一夫一妻制」裡的「潛規則」：自力救濟找出路。若自己是無法提供這方面「功能」的人，就不該怪對方另尋求滿足，你就應該「睜一隻眼閉一隻眼」。而外遇出軌的一方，就得要有隱瞞或處理後患的能力或技巧。到我的歲數，我對外遇出軌是能理解的，某種程度也是悄悄地有著諒解的，因為人的本質還是動物，情 與性的須求是真實存在的，這是至今人類無法解決的、生物性的歷史問題。

「性背叛」的本能&「喜新厭舊」的本性

古代就有三妻四妾，全世界古今中外永遠不會消失的一個職業叫「娼妓」，說明兩性之間一直是「權力(金錢)」及「功能」的買賣(交易)關係。婚姻裡若有性生活的不協調，就直接影響日常生活的身心品質及婚姻的存亡，當事人出於本能地想要尋求滿足。但「不專一」「性背叛」是讓人戳心刺肺的，已不見容於現代的一夫一妻制婚姻，這就造成了「陳倉暗渡」的潛在行為，及不能

公開化的焦慮。社會壓力已無法再壓制人、再乖乖活在「無性婚姻」裡了。若沒有「性功能」的存在，即使表面「白頭偕老」，但早就有人自尋出路或各自尋求滿足，這是每個人的本能及人權，因此情感出軌及性背叛，就比比皆是。還有，「家花沒有野花香」「外食比家菜味道好」，習慣了、厭膩了日常的平淡，誰都是「喜新厭舊」的。「性功能」退化，或沒有「新花樣」，即使有法律及倫理的支持，難免就有人另尋滿足之路了。若在婚姻裡自己沒有得到「性功能」的滿足，且對方還有「性背叛」，這就是身心的雙重打擊。

難為「性忠貞」：太多的性誘惑&太方便的性服務

手機裡性視頻泛濫、「小三」除罪化、婚外性行為合理化、以談「性」為主的出版品、節目及視頻愈來愈多的當下，那麼多畫面生動的蕩女猛男，增加了凡人的「性壓力」。這種「性開放」的環境，肯定已動搖現代婚姻裡「性忠貞 」的圍牆。只要「性功能」欠佳的人，大老婆大老公的權益就瀕於危險，因為社會上免費的及收費的、線上及線下的「性服務」如此方便與普遍，心裡空虛而渴望談真感情的族群，已婚未婚的也有一大把。別再以為法律會保障「婚姻」，法律完全無法保障「婚姻裡的性忠貞」，法律能保障的只是對方要「出走」時要付代價，及協助雙方談財產及子女歸屬權等的條件。

注意不當的「性教育」誤導性觀念

因為我不是性生活的專家，只能分析一些性生活帶來的因果事件。但最後還是要強調一點：時下開明的社會風氣固然已提供了許多千年來不敢問不能說的基本「性教育教材」，但結果呢？有時會矯枉過正，因為太重視講解「生理結構與器官」了，公開推廣「藍色小藥丸」，就好像是在上解剖班、功夫課而模糊了「性」的真相。婚姻裡的性，是愛、是喜悅、是付出、是非常情感、情緒、感官上的享受；不是脫了衣服才做的一件事。本來我認為公然教孩子避孕、讓色情雜誌公開販售、在學校裡裝「避孕藥投幣機」……這些做法是否有誤導之嫌，但這些顧慮已過時了，因為，色情內容現在是直接進到小孩隨時可以看到的網路及手機裡了。「性教育」很重要，不當、過當的「性教育」反而是刺激性慾、引導不必要的性衝動、讓性態度不成熟的人犯錯。

性欲萬歲：性慾就是生欲

「性功能」是「必修科」！因為，性對生物是非常重要的，它代表「繁殖」的生命力及動力。有性需求，代表你健康正常；想和人有「人與人的連結」，就代表自己的生命渴望與另一個生命有共鳴及結合。性慾就是生欲，想辦法在婚姻裡好好享受生命的力量吧，好好發揮「床」上的功能，你一定會得到配偶的回報。性欲萬歲，性慾就是生欲，人類存續就靠它，婚姻存續也靠它。

性功能被許多因素牽連，想要「性」福？就要對症下藥，問問：其它的共同體是否做好、是否不爆炸，是否能及格？彼此是否有生理及心理上的滿足功能是否還在？性慾就是生欲，善用它，維護它。白天的日子過得不好，晚上就不會做得好。完美的性，是「感情」加「體能」成就的，也是花一整天時間做成的，不是脫了衣服才做的。有好的性生活的人，通常整體人生的成績單都會是比較漂亮的。所以當你擁有健康、正常的性，你就要歡呼：你活得真好。

性，是好工具，也是壞武器

婚姻裡「性」是個工具，甚至可當做「武器」，因為它很好用，但這樣很危險。因為，把性當作籌碼，有利也有害。有一個個案，平時要家用要不到，只好在「性」的過程當中開口要錢，或以中斷「性流程」來談條件。有一個個案，以不上床來處罰對方說錯話。單方面或雙方面任性拒絕性生活，以性來當武器，除了「想發洩」的慾望被阻擋而產生生理上的問題外，還會造成面子及情緒問題，極有可能會破壞婚姻的根本。這樣是一刀兩刃，回頭又傷到自己。這就是為什麼「離婚原因是因為性生活不合」的說法越來越常見。

人到中年不要成為「無性夫妻」

有多少表面和諧的夫妻，早已經在過著「和尚」「尼姑」生活？

性功能是必修科，但，有多少夫妻已在過「無性生活」？壓力大的中年人？年事已高的老年人？生病的年輕人？因為貧窮沒有空間時間「相愛」的人？其它共同體不斷地雷區爆炸的怨偶？已沒感情的、已沒性趣的、已討厭對方的……報導：因經濟問題而煩惱的上班男士有超過6成「無能」、76%的女護士因為壓力而沒有「性趣」。這些年來因為自己的年紀而接觸了許多中老年喪偶離婚的人，聽到男士這樣的說法：「女人在40多歲後就突然失去『性趣』」，成為中性人，但男人到老都還有『性趣』。」這說法蠻嚇人的，若為真，這就是中年的離婚潮的理由之一。沒有「性」功能的「無性組織」，只是同居、搭伙過日子的關係，類似同學、室友而已。

總有一天「性生活共同體」會失去功能

年輕力壯時，雙方一起努力、享受性生活的滿足。到後來因為生病、出意外受傷、分偶、年紀大了而無性的婚姻，我們就得面對不再有「性功能」的家庭，這都是不得已。只要感情有昇華、其它的功能體還有而過得下去。這時候，只能悄悄地、偷偷地，把它列成「選修科」，反正這是私事，不必讓外人知道就好了。「性」福指數，只能靠「夜間部同學」雙方的配合，但也必須體諒現實，總有一天「性生活共同體」會失去功能的，所以在還「行」的時候，就要珍惜它、享受它。關於性功能，我非專家，只能點到此為止。

功能5

子女共同體必修科

「子女共同體」比「性生活」的影響力更大更久

家庭會產生「子女」，就帶來「親子共同體」這門功課。結婚的功能，就是繁延、創造新生命及打造培育下一代的溫室。就算是不能生育的夫妻，也會想辦法讓家庭裡有「子女」，因為它真的是婚姻的「必修科」。太多人說：「我是生了小孩子才開始學做父母的。」當然是如此，且每對夫妻都會全力以赴做一對好父母。性生活，只是在夜裡發生的短時間歡樂；性生活之後生出的小孩，卻是後半生長期的任務，是天天要付出的責任。不管性生活品質如何，一旦「性生活」的「產品」：子女誕生了，偉大的父母就會義無反顧地的承擔這個責任，這是生物性，也是人性，也是大自然最神聖、最偉大、最動人的力量。對重視下一代的東方家庭而言，我要說，「親子共同體」功能的比重，重要到是「必修科」中不可或缺的一席。我就知道有人因為太太生出兒子並把兒子養育出色，而接受雙方情感及性生活功能的缺席。「性生活」總有一天會到尾聲，「養育子女的功能」一生沒完沒了。「子女共同體」比「性生活」的影響力更大更久、成本更高、而且是最高。直到今天，不能生育、或生不出兒子的人，仍被視為欠缺必要的功能，因而導致對婚姻的不滿。

由「人情」進入「人倫」：無怨無悔的神聖「功能」

因為生物性的「性生活」而有了子女，個人性、情緒性的「人情」便進入血源性、家族性、族群性的「人倫」殿堂。由「人

情」進入「人倫」，家庭要實現「為宇宙創造繼起的生命」，為國家社會舉材、養育下一代的神聖「功能」。

子女成為婚姻裡最高目標及最大滿足，為人父母，是生命中的超級價值及最高滿足。這是一種生物的設計與基因，每個人都會為了自己的血緣付出一切，可以犧牲一切，真是偉大。父母養育子女是有什麼好的都先想到子女，一生的努力全為了子女，當子女長大，懂得關心父母的那一刻，再多的辛苦都值得。「兒想娘扁擔長，娘想兒長江水」「養兒100歲，長憂99」，天下父母心，即使孩子忙得回眸望一眼父母都沒有空，即使不回饋父母，父母仍是無怨不悔的。

子女讓婚姻豐富及複雜

有了孩子，你們的關係及婚姻的品質，就牽涉到了別人，就要對社會、國家負責。沒有子女的婚姻，男女雙方可以依照自己的意願過日子，即使不合要離婚，可以雙方說了就算；但是，只要有了子女，兩人對待婚姻的分或合，考慮 與取捨就不同了。為子女調適婚姻裡的心態及做法，是必要的。子女讓婚姻豐富及複雜，是最甜蜜的成就感與負擔。子女是婚姻的具體考驗，男女情感只要一對一、一個男人與一個女人就搞定；而親子關係是交叉、重疊的，你要處理多組關係：爸爸對孩子、媽媽對孩子、及有了孩子後爸媽的關係新模式、然後還有孩子對爺爺奶奶……有了孩子，爸媽又會和公婆丈人家有關係新模式。更別提若是離了婚、在新家庭裡有了「你的孩子和我的孩子在打我們的孩子」的場面，反正就會越來越豐富與複雜。所以，想要修行到家，想要快速成熟？想要增加人生負擔？生幾個孩子就行了。

夫妻吵架排行榜第1名：兒女的教養

子女的養、育、教，是家庭裡的主要內容、是使婚姻更密切、同時也可能是更衝突的主題。子女是人生旅途中甜蜜的負擔，是巨大的黏著劑，但也可能是裂隙的切入點。根據調查，夫妻吵架排行榜上的第一名，並不是我們以為的外遇或金錢，而是「對孩子的教養方式不同而起爭執」。外遇不是天天有；金錢也不是用吵的就能解決；而小孩的教養，則是天天由早到晚都有許多可爭執的題材。親子共同體，不比情感共同體複雜，但成本更高更具體。很多人維護婚姻的主要原因，就是為了養兒育女的責任，為了這個目的，可以調適或忍受所有的挑戰，甚至，到了後來，愛孩子甚於愛配偶。照說，子女是婚姻的加分，但也有人因為教養的爭執而損壞了感情。這也是有些不和婚姻堅持到「孩子大學畢業」時再談離婚的原因。

教養放輕鬆：養老防兒

做父母的要放輕鬆，嚴格教養其實不必要，只要有一般的養育，孩子都會自生自長的。且若成材，造福的人是他的老板及配偶。父母就是弓，孩子則是箭，父母手中把子女射得越遠越好。把他們養育成年，就是任務完成，不要之後還有著各種期望。以前

「養兒防老」，盼的是有人送終，但現代社會守孝3年不可能，父母活著的時候能就近工作及生活的不多，所以不孝順父母並非現代兒女的本願，是社會現狀造成的。網路上的段子：「父親給兒子東西的時候，兒子笑了；兒子給父親東西的時候，父親哭了。」因為父親給兒子的是信用卡；而兒子給父親的是上面有很高金額的信用卡帳單。且人人都有自覺，眼下是「養老防兒」，怕的是啃老族吃空老人家、離婚族把孫子丟給白髮長輩，更甚者是闖禍拖累父母，所以能平庸平凡正常自足生活的兒女就是孝順父母了。

「能生」也要「能養」「能教」

成家生子是生物性的本能及社會性的功能需求，但事先誰會明瞭「婚姻的本質」與「家庭的使命」這些大文章啊？大部份人之所以都做了父母，因為生兒育女是生物本能，只要有能力生育，沒有學習過如何做父母就生了。。要考個乙級美容師證照，要讀的題庫有1萬題，考試時會考個1千多題。要開車，也得通過駕駛執照的考試。離奇的是，茲事更體大的「做父母」，卻無須執照就做了。良好的家教，造就一個歡樂的成長環境，幫助婚姻的價值升級，更對社會國家有貢獻。錯誤的家教，會讓孩子成為婚姻中產生爭執的主體及父母情緒及性格的地雷區。「能生」，但也要「能養」「能教」，才能完成「子女共同體」的功能。

頂克族的趨勢

頂克族，就是「Double Income No Kids 」，兩人都在工作有收入，並不缺錢，但決定不生小孩的家庭。這種家庭已越來越多，是因為生不出來？怕養孩子影響婚姻或個人發展？因為養不起不敢生？還是早就決定不要生？都有。當然，結了婚，你們可以選擇不生小孩，組織一個「不完整的、不傳統的婚姻」，但能享受「完全的愛情 」，但，前提必須是雙方都同意。因為，讓「子女」成為「必修科」是傳統的、是現代的、是生理的、倫理的、情感需求的共同目標與功能。估計，現在和未來也是永遠不滅的婚姻目的。金錢共同體會有防火巷，社交與生活起居可以各自為政，但養育兒女是不能放棄責任的。

父母責無旁貸的「功能」：「親子共同體」是「必修科」

只要在婚姻中「製造」了子女，2位「製作人」就要把「養育兒女」的共同體做好，要義無反顧地做互相合作、協調、 互補的完成這個「教養功能」。不管你們其它的共同體分數是高還是低、不管你們其它的關係是多麼地格格不入、做父母的這項共同責任，一定要全力以赴，別無藉口，直到孩子成年為止。因為這是你們對國家、社會的責任。除非是決定不生或是生不出來，「親子共同體」，是「必修科」，非得把它做好不可，請大家盡量努力。

・關於家教，請參考《幸福工程》的招牌課程《笑能家教》系列。

功能6

金錢共同體

選修科

金錢決定談戀愛時誰買單

結婚的重要目的，是「經濟共同體」的結合。結婚前，兩個人婚前談戀愛，只須「荷爾蒙」就能過日子，就算要「看電影說情話」「吃大餐」「送鮮花巧克力」，男方單方面的花費也是有限。其實有些人約會是，連錢和衣服都是和朋友借的，但雙方那時是「看對了眼」了，什麼都好，什麼都不在乎。談戀愛，只需花點小錢及心思就可讓對方立即感動、只要說說情話，就能完成紳士淑女、王子公主的浪漫場景。談戀愛的規則已變了，在年輕擇偶市場裡，約會時「男的要付錢」是理所當然，現在已有男人要求「男女平等」各付的各的，甚至要求女方全付。傳統婚姻是男人要養女人養家，現在已有些「先進」的男人一見面就問「妳的錢會給我用嗎？」「我需要有吃有住的房子，你若沒有房子就不要再談，不用浪費時間。」「你買Iphone 給我。」網路有騙財騙色的案例，吃了悶虧的人噤若寒蟬但因為太多了而上不了新聞。金錢決定談戀愛時誰買單，常規已經變了。所以，談戀愛時什麼條件都不講，但談及結婚時，條件之一就包括雙方的財力地位。發喜帖時，是下嫁還是上嫁，是高娶還是低娶，結婚典禮上眾親友都在看。總之，絕大多數的人還是以合乎常情的方式找到對象，走進了結婚禮堂。

團結力量大：婚姻的共享金錢功能

不論婚前如何交往，結婚後，古代的「開門7件事：柴米油鹽醬

醋茶」，又加上了現代的水電、手機、網絡、瓦斯、應酬、教育、休閒、生病、保險、孝養金、投資、置產……越來越多的各項開銷，立即舖天蓋地迎面而來。這些家庭的現實開銷，把愛情掩蓋掉，因為逼雙方面對這個共同體：「共荷包」。婚姻的目的，家庭的功能，本來就包括「金錢」，居住、飲食、教養……非錢莫辦，無錢無路可行。金錢不是萬能，但是沒有金錢，萬萬不能。愛情不是萬能，沒有愛情不會結婚，而即使有愛情但沒有金錢過日子，那這婚姻也是萬萬過不下去的。團結力量大，小家庭、家族大財團都由婚姻開始。

「嫁得好，娶得好」是本領：婚嫁是「社會流動」的管道

嫁得好，娶得好，是改變財務的最高智慧及技能。嫁娶得好的人，人生的「社會流動（Social Mobility，借著關係改變一個人的經濟、社會地位、聲望）」就是立即更上一層或好幾層樓。事實就是，找結婚對象，有些人就是想要「飛上枝頭做鳳凰」或「節省奮鬥30年」，擺明了就是在找資源。在古代，用婚嫁來改變經濟地位的通常是女人，現在懂得找一個「什麼都有了的」富婆貴千金的男人也不少。改變學歷要靠自己讀書考試，改變經濟地位，除了靠自己的打拼，另一個快速直通車，就是藉婚嫁來坐直昇機到「上流社會」。麻雀可以變鳳凰，駙馬爺馬上成總經理，對男人女人都一樣，只要你找到財力好的對象，就馬上改變自己的經

濟社會地位。結婚的目的之一就是資源交換，其實就是要找金錢資源。和這種人結婚的話，你就要有心理準備，要不就是做好填「無底洞」的財庫來供輸他(她)這樣的「吸血蟲」，要不就要設立「護城河」「防火巷」來自保，及保家。還有，錢多的人，在擇偶時的問題：不相信真愛，懷疑對方不是看中自己，而是看中他(她)的錢，這時，擇偶的雙方就要解決難纏的心理戰疑慮了。所以婚前要做的重要功課就是《智能擇偶》，因為嫁得好，娶得好，是人生最高智慧及技能。擇偶茲事體大，決定一生的幸福與否。婚姻根本不是浪漫愛情，婚後家庭是性格與現實的試金爐，可惜父母老師沒有教這堂超級重要的課程。金錢功能搭配的好，你們就是進天堂。若不幸對方沒錢，或有錢但不肯拿出來給你用，「金童玉女」也會開始有嫌隙，你會看到真面目。

金錢是載舟覆舟的兩面利刃

夫妻共組「金錢共同體」，搭配得好的話，可以一起賺錢、存錢、理財、置產……創業、升官發財，創造財富，創造無限的可能。許多夫妻創業，創造了財團及產業，夫妻一起賺錢真快樂，但財務處理不好婚姻就會受傷，且是重傷。金錢是載舟覆舟的兩面利刃，它也是製造婚姻問題的主要原因。「濃情蜜意」經不起「鈔票」的試煉，婚後若發現談情說愛的高手，不是理財理家的高手，甚至可能是敗家者，把家庭經濟搞得一團糟，到時，婚前的山盟海誓就變色了。

千百年來欠缺的一堂課：金錢(理財)課

這是婚姻裡非常重要、重要到我應該把它放在順序第一的共同體及功能。但，我竟把它置為「選修科」？因為，8020法則，80%的財富都在20%的人手上，80%的人都沒能把金錢這件事處理好，那麼，要求家庭經濟要處理好，豈不是「井水都沒有，談什麼河水」呢？為什麼大部份的人一生都在吃「歸零膏(用完就沒有的月薪、工資)」、只能量入為出、省吃儉用……為什麼大多數的個人經濟及家庭經濟沒有處理好？因為，幾千年來，古代的皇帝，現代的總統教育部長、父母、老師，都只教我們「四書五經」「國文數學」……就是沒有教我們算帳、算成本、了解金錢遊戲。由古到今，朝庭和政府抽稅是滴水不漏，但就是不教老百姓「如何把錢賺到」來交稅金，這豈不是很矛盾的事？我相信很多人是被金錢教訓、甚至打擊後才發現這個矛盾，才發現自己被「不教而殺之」、成了犧牲品了。連我這樣外表看似精明的人，也是在40多歲才覺悟：我和已故先生的感情品質，根本就被「家庭財務」破壞的。數千年來欠缺的「金錢教育」，讓婚姻裡多了一個非關情愛的功課：夫妻發揮家庭經濟的「功能」、把「金錢共同體」做好。

No Money, No Honey，No Family

得天下者必有美人，但是，有美人者，未必有天下。沒有天下，連下鍋的米都沒有，別說美人了，連醜女也會沒有。No Money,

No Honey，沒有鈔票，就沒有甜心，就談上擁有家庭。床頭金盡時，沒有金屋了，被藏嬌的第三者保證會飛走；恩愛夫妻遭逢財務災難時，愛人被迫成為「各自飛的同林鳥」也不是新鮮事。不必有惡婆婆，沒鈔票時，就可能上演「孔雀東南飛」。在金錢上拖累人的不只是男人，敗金的女人也可能拖垮一個家庭。人生、社會、家庭都是現實的，且考驗的直接場合，就是每天都要花銷的「家庭」。人生、婚姻都和錢脫不了關係，且是密切關係。

「共荷包」讓夫妻正面衝突

在現代都市中，勢必要兩個荷包併成一個來使用分配。於是每個人不一樣的金錢觀、賺錢能力、用錢方式、價值觀在嚴重分歧時就開始有所衝突。由養孩子到買房子，一定產生糾結與為難。到底是「團結力量大」還是「不宜將所有的雞蛋全放在一個籃子裡」？有人認為「一隻船不能有兩個舵」，另一方卻有「小金庫」。到底該如何組合兩個人的經濟？兩個人要「共同」到什麼程度？每當我想到夫妻「共荷包」的難題，就不免想到3句話：

第1句是，談情說愛的時候都不談錢；談分手的時候，一定談錢。

第2句是，文學家福婁拜所說的：金錢是人的一生的「必修」，不可「選修」或「旁聽」。

第3句：人生唯2逃不掉的兩件事，1是死亡，2是稅。……

稅，就是錢啊！稅，是國民的義務，本來就該交，國家照顧國民，目的就是為了錢。……對，每個人的人生、婚姻都和錢脫不

了關係，國家就是，所以在走進婚姻時要問問：做好了準備嗎？「貧賤夫妻百事哀」，No Money, No Honey，沒有錢，或負債……還甜蜜得起來嗎？

錢多錢少都是問題：能「同床共枕」不等於能「共荷包」

談戀愛愛得死去活來，如願結了婚，發現了「你的就是我的，我的就是你的」的功課以前沒做過。好，那麼金錢要「共同」到什麼地步？傳統的是認為一結婚什麼都「結合」了，人是我的，當然錢也是我的。合起來的金錢共同體好處是：團結力量大，兩人賺錢合買家電、房子、投資，及早享受人生；但其缺點是：如何消費一定有相左的意見，超過能力買了房子、形同浪費的提早消費，或是有一人財務出問題，就會感情婚姻受傷。以前我常說：「錢多錢少不是問題，是怎麼用的問題。」現在我改口了：「錢多錢少當然是大問題，而怎麼用的問題就更大！」沒有錢用，肯定「貧賤夫妻百事哀」，窮酸的味道早趕跑了浪漫。就算有錢可用，但用在那裡，買什麼，何時花，怎麼買才合算？錢多錢少是問題，還有怎麼用的問題。婚姻裡的「金錢共同體」不只是單純的「錢夠不夠用」「錢多不多」，它還包括「錢是誰決定用」「錢是誰管」「是放在一起還是各自分配」……婚前要有心理準備。兩個人的想法都完全一樣的機率，你認為有多少？夫妻的不愉快一定會發生。

鐘鼎山林：製造不同的災難

比如：你想買貴的，他想買便宜的；你認為危險的，他卻一定要投資；他認為很值得，你認為是浪費；他認為可買可不買，你卻堅持非買不可……你想買紅木傳統家具，他想買法式沙發；女人是「別人家有的我家也得有」，男人是「別人家沒有的，我就要有」；一方省到面黃肌瘦，一方出手大方四海撒錢……有太多的機會使你們意見相左而僵持不下，甚至憤怒火大……這都很正常，錢這件事造成動手動腳動槍動刀都有可能。共用錢的功能，就是婚姻的日常衝突點。錢多錢少，錢怎麼賺，怎麼花，就是婚姻中最常出現的「地雷區」。有的夫妻一起省吃儉用，真是美好；家中有人大賺錢，那更好，即使別的共同體有所不合，大家也會「睜一隻眼、閉一隻眼」，因為「共富貴」總比「共貧賤」來得容易。但好事也可能變壞事，也有家庭因為致富、到國外開公司，在「分公司」還沒出現前就出現「衛星家庭」讓「男人變壞」搞出軌。也有女人在變奢侈後敗家，因而導致婚變。有一對夫妻因為買錯一棟房子而天天吵架導致離婚，至於丈夫做生意失敗或欠債而全家受害的故事，真是多如牛毛；也有太太買股票亂投資或被騙紅杏出牆而把家庭積蓄賠光拖垮全家族。

「一毛不拔鐵公雞」vs「四海兄弟大哥大」

有人在家裡省錢省得半死，但另一半在大飯店裡請人吃飯，一次

就把3個月才省下的錢慷慨地花掉了；有人會一口氣捐掉大筆錢做慈善，另一半則氣得快中風；買了大減價的東西，一方認為是賺到了，另一方認為是吃虧了而逼著要退貨；你認為應該一個月才花完的零用金，他卻一個小時就花掉了，且不覺有錯；一方認為一定要省錢，另一方自許有賺錢的能力就有權力花；平日省小錢的人卻會衝動花大錢，另一半看到共同的財產被破財了而氣得高血壓；你想要浪漫一下去西餐廳，他卻只要吃路邊攤；你想存銀行生利息，他卻覺得拿去炒股票才對；你想帶小孩買件名牌衣服球鞋做生日禮物，他卻堅持買夜市的電玩給子女……請問你能心平氣和嗎？夫妻能不吵架嗎？這些無關對錯、道德的相左、衝突……不是錢多錢少的問題，是錢怎麼賺、該怎麼用的態度問題。「金錢功能」不是個容易協調的共同體，因為一個人怎麼用錢，就是他的核心人生價值觀。若是「一毛不拔鐵公雞」與「四海兄弟大哥大」組合成家庭，每遇到花錢，就會天天吵、事事不開心了。

老媽名言：「是錢在做人！」

每個人的人際關係，就是「金錢」態度的具體呈現。我的老媽是個不識字的裁縫，但她從小就告訴我這句話：「做人、做人、什麼在做人？是錢在做人！」「用錢」態度決定所有的人際關係，沒有金錢基礎，就根本就沒結婚的條件。沒錢不只是沒甜心，也會沒有房子、家人、兒女，因為無法養他們。上次美國次貸風暴，多少家庭丟了房子，流落街頭成游民，沒有錢，就沒有家庭。沒有愛，可以有家庭；沒有錢，就沒有家庭。沒有愛的婚姻，悄悄地可以白頭偕老；完全沒有錢的家庭，一個月房租到期時都過不下去。沒有飯吃、沒房子，付不了租金而沒地方可住的人，能談什麼感情？要求什麼甜言蜜語？先去解決現實問題都來不及。在社會上就全是「錢在做人」，經常請客的人總是受歡迎，永遠蹭飯的人背後被嘲笑，最溫柔善良的人若向所有人開口借錢，最後最後人人逃避他。人是愛面子的，但沒有錢的話， 面子裡子都沒有了。想要天長地久？想要恩愛到老？想要人面、場面、錢面、面面俱到？就得有「錢面」來撐場。我老媽說得對，是「錢」在做人，不欠人錢的人，才能再談做人好不好。

財務就是人格及人品的指標

別再說「他是個好人」，別批評「社會現實」「只敬羅衣不敬人」，別逃避「人情冷暖」。人生在世，沒有人能逃過「金錢」的評價。一個人的財務，就是人品及能力的具體指標。基本上，財務失控的人，一生所有的事，方方面面都可能失控。人們的藉口會是「八字不好」「運氣不好」，但，一個人財務不好，一定是做人、做事不好、能力不好、智力差，再多的藉口也無用。窮到要向人借錢、借錢還不了、甚至騙錢的人，做人再善良慈悲，也不會見容於社會及他的家庭。曾經很會賺錢，也很用心養過家的人，如果經商失敗、拖累投資的親友，就算從來都沒有家暴、沒有外遇、也做家事，但他還是家庭的罪人，也會面對「孔雀東

南飛」的劇情。因為，大家都是需要生活費的凡人，聖人或慈善家畢竟是少數人口。人到中年，觀察周遭的眾生姻緣，愈來愈肯定，人生在世，錢多錢少可以不是問題，問題出在會不會處理錢，能否不讓錢成為人生的災難，是否有安排好基本生活的養老金。我們必須承認，「錢」，處理不好的人，一輩子的人生各方面都會不好，更何況是他(她)的婚姻？

沒有金錢功能的人，就是家庭的罪人

夫妻關係家庭組織本來就該提供「金錢功能」，我敢直言：對家庭沒有金錢功能的人，就是家庭的罪人、就是不負責任的婚姻人。不管是錯誤投資、犯罪賠錢、生病而拖累家庭經濟，拖垮家人生活幸福的人，就是不道德。不具備「金錢共同體」功能的人，在家裡當然說話就無法大聲，就不要還理直氣壯怪別人。

金錢功能大小，決定聲音大小

在家庭裡，誰的金錢功能大，就會擁有發言權，就會顯得強勢，這才是道理。出錢的人決定是「共荷包」或「不共荷包」，或「只負擔部份荷包」，但也有「得了便宜還賣乖拿翹」的人，是在婚姻裡侵佔了對方的資源還比對方凶的。在商場，「客戶就是上帝」，在家裡，出錢的人是出於愛，至少要得到尊重與感謝，而非因身份暴力而被當做理所當然。

只靠一隻雞生蛋？男主外、女主內？

我每次看到新聞，出了意外的男士背後，新聞都報導「家裡還有高齡的父母、沒有工作的太太及還在幼齡的子女……全家就靠他一個人」「現在家庭支柱生活有問題外，還無法支撐龐大的醫藥費……請大家捐款」時，就覺得古代的「男主外、女主內」這句話真是害死人了。現代社會的小家庭裡，怎麼可以只靠一個人的一個收入？亦即，不僅不要「把雞蛋都放在一個籃子裡」，把錢投入單一個地方，更不可以「只靠一隻雞生蛋」，全家只依賴一個人賺錢是非常不宜的。因為，一家只有一個支柱的話，靠山山倒，靠人人倒(甚至還會被這個曾經的靠山壓倒)時，這樣的「金錢結構體」真是太脆弱、太可怕了。不要說一個家庭靠一個人很危險，連一個人只靠一種收入都很危險，現代人一定要有好幾種收入，有自動、也要有被動的收入，才有可能好好退休及應對意外。天有不測風雲，人有旦夕禍福，沒有人敢保證一生風平浪靜。只靠一個人一個工作一個收入的家庭，「金錢共同體」是岌岌可危的。金錢功能太重要了，一點點大環境小環境的風吹雨打，就可以把一個沒有理好財的家打垮了；金錢功能薄弱的家庭，想要常保幸福，未免也太天真了。

「財務部長」使人金錢「不自由」：較勁與平衡的挑戰

世上沒有平等，只有平衡。所以家庭裡所謂的溝通協調，並非溝

通，而就是談判，要談出一個共識，什麼事誰做主，什麼事誰決定，日子才能過下去。金錢共同體也是如此，結了婚，你的「金錢自主權」一定會受到牽制，一定發生較勁與平衡的挑戰。結了婚後，雙方在金錢上的掌控權是一種較勁與平衡的功課。依照自己的能力賺錢，按照自己的意思花錢，這是人格獨立、人生幸福的必要條件之一。但是，結了婚的人，這一點就受到許多牽制及規定(婚姻的責任及財產法規)，你要有這方面的心理及財務準備。任何一個人對錢的進出及掌握不能主控時，就會感到深深的不安。不管是永遠不足的貪婪傾向、或是原本就有的「不安全感」，會產生雙方性格及行為上的正面衝突。家庭有個「財務部長」把整個資源都抓走了，其它的家人的反應不一，有人是樂得輕鬆、但也可能有人覺得無奈與不平。自己的金錢自主權不在自己手上，有人會覺得沒有尊嚴及安全感。

金錢不獨立，人格就不獨立

一位沒有上過一天班的太太，是個標準的賢妻良母，但她在家裡每說一句話，都會被那個照顧她一輩子的先生K，她動不動就被罵，在外現場人再多，先生都會毫不留情地打斷她的話：「你懂什麼？亂講話！」「妳不懂。」「不要出聲。」因為家裡的每一塊錢都是先生賺回來的，所以她就沒有發言權。這讓她活得小心翼翼，唯恐說錯話做錯事。所以，她這輩子「很幸福」地被「照顧」著，但她也從來沒有自己一個人出門去玩或交朋友。但她說她很幸福，家用與零用都由丈夫供給，她就不需求有獨立的「金錢主控權」。但是如果有一天她的先生不愛她了、或離開世界了，她的「金錢共同體」就崩潰了。我也見過薪水袋全交給太太的好男人，每天只有幾百塊錢的零用錢，且還要回報花在哪兒，搞得他在外請客的錢和買煙買酒都很拮据，讓自己的社會身份很沒有尊嚴。人生事實：金錢不獨立，人格就不獨立，思想就不獨立，行動就不獨立。

選好對象才付出：別再說「我不須要回報」

在婚姻裡，就是雙方要對彼此好。但為什麼「好人沒有好報」？因為，付出的對象沒弄對。對人好，要看對方值不值得你對他好，他會不會回報？不求回報的是聖人，而你是聖人嗎？每個人一生的資源(精力及金錢)都是有限的，不該被身份或情緒綁架而全都為人付出。有許多人一生都省吃儉用，心甘情願地把所有的錢都給愛人、家人用，我看了真是於心不忍。我建議：要評估對方有沒有感謝的表現？將來有沒有可能會回報？如果現在對方就沒有感謝，也沒有好臉色，我保證將來你會是一場空。若把全部的金錢都投資在別人身上，就要防範自己年老時會「手頭空空」而艱苦養老。當你很會賺錢時，人人都願跟你「共荷包」「金錢共同體」。「共享經濟」誰都會，但等到你老了沒有生產力時，才覺悟對方不會回饋給你的話，那就太晚了。正如同我的《笑能家教》結論：「今日在你面前不『笑』的小孩，將來肯定會不『孝』。」當然，人生就是有即使沒回報也願付出的，比如天下父母，這是天性，也是自願的。

沒辦法「共荷包」的人該把「金錢共同體」完全分開

能「同床共枕」不等於能「共荷包」，賺錢的方式是各人的尊嚴，而花錢的方式，也是各人的基本價值觀，都不容忽視，不可輕易被挑戰，因而「金錢共同體 」，絕對是個容易爆炸的共同體。在婚姻裡，錢的殺傷力，是直接及慘烈的。欠缺金錢教育，讓每個婚姻成為實驗的「白老鼠」，都在碰遇氣，看能否結婚後把家庭經營出成功良好的「金錢共同體」。多少人，就因為對方對家庭沒有賺錢的功能，就必然會傷害及動搖情感、價值觀、性生活、命運等共同體。別讓「金錢共同體」傷害「情感共同體」。家裡有個很會賺錢或理財的配偶，這是婚姻的最大資產之一，可惜有慧眼有運氣選到和這樣的人結婚的人，比例不高，否則千百年來，為何古今中外80%的人都活在「貧窮線」以下？共荷包的學問, 就是現代婚姻的選擇題。我建議，現代婚姻不一定要「共荷包」。最好，男女雙方，都自己具備金錢獨立的能力，因為，這樣脆弱的「感情」「情緒」等共同體就可以被保護不被波及及傷害。你可以淡泊明志，也可以拜金逐利，只要你和配偶的錢包不被強迫放在一起，就能夠彼此相安無事。

各有各的金庫：錢不放在一起，讓人可以在一起

設立防火巷保婚姻：預防「財務災難」吧。如果，雙方用錢的差異性很高，最好建立獨立的金融體系。各人各管自己的金庫，家

用適度分擔。有些人，是一輩子不會改個性、改金錢模式的。尤其現代人被媒體報導、奢侈品宣傳養成了拜金、貪婪與快速網購叫外賣的習慣。既然處處陷阱，人人都成為被騙破財敗家的對象。如果已知道對方或他的家族有財務糾紛、巨大債務，你還是可以選擇和他結婚，但就要不「共荷包」，用法律把「金錢共同體」完全分開。有些配偶，「錢」就是沒辦法在一起，就在把錢分開後，「人」還可以在一起。沒有錢的糾葛，較容易擁有具有基本功能的好婚姻，這樣也是負責任的好配偶。當然外人會笑你們分得太清楚，或分得和不像一家人，但你們心裡有數就好：「就因為錢不放在一起，人才勉強可以在一起。」各有自己的財庫，平時，可以自由運作擁有自主權，既平衡心理，又減少衝突；臨時或有必要時，更可以支援對方，提供緊急需求家用。少了為錢的爭吵，留下時間和空間來享受其它的功能。與其「同歸於盡」「玉石俱焚」，搞到分居、離婚，不如「保持距離，以策安全」來得智慧。該誰還債誰還債，該誰坐牢誰坐牢，不要牽連到無辜的家人。是誰賺的錢就屬於誰，沒有誰「欠」誰的。婚姻裡，有財務問題的人「崩」了，但另一半還安全，就還能維護住家庭，把孩子養大。所以，財務防火巷，很重要。雞蛋不該放在一個籃子，全部的錢投入一個理財工具，和全部的錢交給一個人來理財一樣，都是危險的。

沒有平等只能平衡：家用要義不容辭雙方承擔

當然，在一方沒有金錢功能時，另一方也應該義不容辭地「自動補位」，承擔家用，固然個人財產是個人的，但而家庭是共有的。家用、兒女養育、生活急難的花費，就不要細分彼此。而且，這種其中一方要分攤大部份或全部家用的不公平結構，通常會有變化，因為有人會變富，有人會變窮或病。家庭沒有數字上的平等，但要有心理上的平衡。正常的家庭開支，要彼此補位，不要講公平。我們不能等窮光蛋變富了才付孩子的教育費，也不該因為不甘心支出較多而影響家庭的生活品質與娛樂。家有急難狀況時，就是見真章、見真情的時刻。如果已經不愛了，如果你對配偶不好，這時候，對方不願出面解決金錢需求的話，就不要怪對方，而是要自我反省，為何對方會這樣。

「一輩子」「一被子」的情感要靠「一袋子」的「金錢」來維護

現在有了「夫妻財產分別制」，雙方都有「誰也別佔誰的好處」的認知，兩人堅持要鞏固的只有一件事：「共感情」。調整其它的共同體來保護「情感共同體」的功能的話，我認為，這樣天下的離婚率及怨偶，至少會少一半。當然，但這只是我的大頭夢，因為我知道「金錢共同體」永遠是每個家庭裡的地雷區，「一袋子」的「金錢共同體」、決定一家子能否好好地過「一輩子」，即使擁有「一被子」的情感、影響「情緒和性生活」的「柴米油鹽醬醋茶開門7件事」若沒著落，牛衣對泣之下，「一輩子」難以為繼。「一輩子」「一被子」的情感要靠「一袋子」的「金錢」來維護，小心處理「金錢共同體」。

防範配偶帶來「財務土石流」

小心製造「財務土石流」的家人，看看報上的新聞，打聽一下親戚朋友的故事，就知道，婚姻的幸福不幸福，和愛不愛沒太大的關係，但是和「金錢共同體」的功能及保全，有著絕對的相關。沒有人喜歡和漏財的「財務漏斗」結婚，更沒有人願意永遠拼命賺錢，卻像「提籃打水」，永遠留不住錢。載舟覆舟，婚姻提供金融資源，也會製造「財務土石流」。要看彼此的賺錢能力及用錢度量，也就是對錢的態度，再決定婚姻裡「共荷包」的程度。我小時候聽大人說的傳統觀念是「歹歹老公、吃不空」「嫁漢嫁漢、穿衣吃飯」……意指再壞的老公，至少妳可以有得吃，但現實狀況呢？卻未必是如此。有些先生，不但不能好好照顧家庭，有時候還拖累家人、家族。

有沒有金錢保障功能，比「愛不愛」更關鍵

先生欠債、讓做董事長或做保的太太去坐牢；爸爸有債務，讓妻小全都活在惡夢中；新聞裡經常有這樣的報導：小童星，青春藝人，常常是為了還家庭債務或父母醫藥費而出道討生活。你所依靠的家人，可能是保障你，創造財富讓你生活優渥，但也可能他

(她)理財不當或生了花大錢的大病而拖累你。對方很愛你，但讓你破財破產，你還要他愛你嗎？你一直向另一半及其家屬借錢，你的說詞是你很愛他嗎？在婚姻裡，付不了帳單的人，就是個為難人的人。擇偶時，要睜大眼睛看看，和你結了婚的人，是否是個「漏財漏斗」或「敗家消費高手」？對方是否具備滿足你金錢須求的功能，還是，他是個會拖累家人、一生在金錢管理上都失敗的人？其實這一段說的是廢話，因為，問題就是：婚前我們看不出此人是否會是「財務災難製造者」。

「好人」可能就是給你財務災難的人

不幸的人，遇到「賺錢低能」的「花錢高手」與「漏財漏斗」，但有時候「漏斗」不是故意，但他就是鬼迷心竅，被人騙財、闖禍賠錢或盲目投資。有人盲目大手筆加入傳直銷，但他的本意是要改善家庭經濟的；也可能他很有才華，是個藝術天才或體育健將，你為了栽培他，就攬全家的資源都投進去；更有可能他是個眾人欣賞的夢想理想家，讓人們都願意投資他，但事業失敗讓親友都血本無歸；也可能是對方惹上了無辜的債務糾紛、官司訴訟；也可能他本來很會賺錢，但生了大病，花錢如流水；也有人搞了個外遇，結果被騙財騙色，把養家的儲蓄都搞沒了；股市天天有人由富翁一夕打回窮人世界……就因為你們是愛人、家人、自己人，就被牽連被拖下水。許多好人的一生因薄弱的「財商」及離奇命運而造成自己、配偶、家族及姻親家族的巨大「金錢」

「土石流」。結果，一個破產、失去財力信用的人，即使學歷很高，背景很輝煌，即使非常愛老婆、愛家，人們都覺得他是個好人，人們會同情他讚美他，但他對家人而言就是個災難，對朋友而言就是個負擔。提防「好人」，他們更容易造成你的財務災難。貧賤夫妻百事哀：面對沒錢、負債、多病的男人，女人不可能還能繼續做討好他的「小鳥依人」；面對花錢、敗家、養病的女人，男人不可能還能永遠做她的提款機。

防範彼此的原生家庭帶來的財務糾纏

對夫妻而言，錢是僅次於「情緒」的婚姻殺手。它的病源，不只是來自配偶的金錢觀與金錢模式，更可怕的是來自自己或對方的原生家庭。太多次年輕人問我：「我真的非常、非常愛他(她)，但他的家庭有一大筆債，要結婚，以後就要幫忙還債，我應該和他結婚嗎？」甚至，有些人被「看中」為女婿或媳婦時，就被問「你的月薪有多少？」「你能買婚房嗎？」「妳自己有房子嗎？」就是長輩明言希望你是有賺錢能力、帶來資產的人。婚後可以貢獻財力給原生家庭的人，通常長輩會覺得是好對象。年輕人問我：「未來的公婆問我將來工資能否給他們、他們家的債務我可以幫忙還嗎？……我應該和他(她)結婚嗎？」我也只能說，這些年輕人實在是太遲鈍了。因為，這個新的婚姻，背後有著老的、別人的問題，而且是大問題，一開始，這個婚姻的「命運命盤」已經決定了，它的「金錢功能」一開始就負面的。姻親帶來的挑戰，除了相處問題外，短兵相接的，幾乎全是「金錢共同體」，這，不是你努力、你善良、你奉獻就能解決的。原生家庭的全家族數十年都沒有能解決的財務問題，就是個坑，是個黑洞，卻指望新加入這個家庭的人來出面解決？那還飛蛾撲火進火坑的人就是自找的了……。壞的開始，是「失敗」的一半或全部。要避免原生家庭帶來的各種金錢糾纏，一開始就要背負金錢壓力的新婚姻，就等於沒有很好的開始。請注意，原生家庭如果是離婚、再婚、一夫多妻家庭、或原生家庭有精神疾病病史、甚至是有前科犯及重大社會案件的主角，通常這種家庭也會伴隨財務問題。

防範姻親製造你們的財務問題

為了愛，你要做的事情不只是煮飯、洗碗、掃地……也不只是要一起付生活費、養兒育女費、水電費、房貸費……因為，這些都可以預知金額的錢，而姻親關係造成的「經濟土石流」，可就是未可知的無限大。別讓對方、或是對方的親友的經濟問題來攪亂你們的婚姻。剛結婚的人，以為能辦成一個婚禮，兩人同心後財務就一片好景，殊不知結婚生子養家、擁有姻親後，花費會是直線上昇。紅白帖子還是小事，怕的是有大的誘惑及黑洞，比如「你的哥哥向你的先生借點錢，有什麼不可以？」「公公欠的債，妳的經濟能力強，就幫一下忙，幫他還一下吧，這樣家裡才會和樂，家和萬事興嘛。」「小叔要創業，大家一起來調一點錢，人之常情。」「你不幫你的弟弟還這筆債，他就會被抓去關，你於心何忍？跟你的另一半先借一點，我們都知道他有錢。」「你結婚就自己過好日子，忘了從小我們為你受的苦嗎？」「我把你養大，難道結了婚就忘了自己的家？」「一家人，就該……」諸如此類的「勸說」或「要脅」，常見於一個有財務問題的姻親之間，也因此有許多婚姻的敗壞，是因為投資或借貸給姻親後的糾紛。還有，剛結婚時長輩會有金錢債務問題，要提防的是長輩們老了病了的時候，他們會帶來的「照顧責任」，可能會拖垮你的家庭。婚姻一定要有許多「共同體」，但「共同」的「範圍」，不該包括這一塊。想要婚姻幸福，就要防範：不讓對方的家族、姻親的財務問題拖垮你的婚姻；同理可推，你也不可拖垮對方的經濟，因為結婚的原始目的，只是想和對方上床、睡覺、吃飯、生小孩而已。想要有小家庭幸福的人，最好防範金錢共同體被姻親破壞。起先得了好處的裙帶關係可以是「天下掉下來的餡餅」，也可能是「無辜的劫難」「一起被告的官司」。沒把握時，姻親想要和你「金錢共同體」？最好就是單純，保持距離，以策安全為宜。

對方「有錢」，不等於你「有錢」

金錢觀決定你們的金錢關係。寒門可以出貴子，但遺傳貧窮三代的也有。豪門有敗家子、也有勤儉的好孩子。由外表看不出來，要在特殊的場合及真實的交往中才能發現的。有的富豪是一擲千金面不改色，有的是一毛不拔鐵公雞，所以不能以對方是否富有

來判斷婚後對方是否會與你共享「金錢共同體」。錢多錢少是個問題，但，錢怎麼用的問題更大。我在唸大學時，有個富二代來追我。幾十年前就有能力開著百萬名車，邀我陪他去「試車」，以便決定是否要購買。我和這位高頭大馬、外型英挺的帥哥一起出遊，在高速公路上以飛速來試車，好不拉風。一路上也談得非常愉快，我們吃了豐盛的晚餐後，就近去逛熱鬧的夜市。那時就快過年了，所以在一個賣黃曆的攤子前停了下來。他要買3本，就開始殺價……屈屈一本不過幾元的黃曆，他認真殺價，和那個小販周旋了十幾分鐘。小販被他殺得面色難看，他還是堅持下去，且還炫耀他的談價錢本領。我站在他的旁邊，立即明白了：雖然他有錢、或是他家有錢，但，想用到他的錢，恐怕很難。我甚至猜測，這是一個對自己慷慨、但對別人吝嗇的人；也可能，是個迷糊花大錢、刻薄省小錢的人。反觀我，雖然我沒有什麼財力，但我只會在買大金額的東西時才會努力殺價，對低價且是辛苦人在賺錢的東西，通常我是不會殺價的。一本黃曆就讓小攤販全賺了也不過是小錢，為什麼不讓在街上刮風下雨的辛苦人賺點小錢呢？我明白了，我和這位大少的「金錢觀」是南轅北轍，我已對他反感，預見將來的不愉快。所以，他的條件好又如何？我當然是在這次出遊後，就不再接受他的約會了。事實可證，非常非常非常愛對方，不一定就等於非常非常願意把錢都給對方用。和鐵公雞鐵母雞結了婚，再好的「感情」也會產生「情緒」。《智能擇偶》的祕訣，就是在婚前就要碰觸、了解對方的金錢觀，比如上餐廳點菜，看對方點菜會不會不合理的過多、會不會剩菜、會不會拒絕打包……這都是判斷這個人花錢態度的指標。

家族「有錢」不等於個人「有錢」：豪門媳婦的「排場」

曾參加社團活動，會中有個捐款方案，已經全體通過每個人都要捐1萬元，但其中一位嫁入豪門的美女，卻帶著不好意思的表情舉手說明：「對不起，這筆錢，我得回家問問我的婆婆才能決定能不能捐……」我們大家都傻眼了，因為現場最有財力的人就是她，而她卻沒有自己可以支配的1萬元？每次聚會，她的「排場」最大，一定有司機，有時候還帶著傭人。後來才了解，她手上有可以刷卡的卡片，但若要現金，就得每筆向婆婆申請。我當下心裡想：如果她真的是要回家問婆婆才能決定這筆不大不小的錢，這個豪門媳婦也真是很可憐的；如果這只是她的推拖之詞，那麼，她也真是有點「為富不仁」的矯情了。

別因金錢傷害脆弱的「感情」「情緒」

家家有本難唸的經啊，其中最難唸的經，就是清官難斷家務事的「家庭帳」。家庭的金錢帳是算不清、理不直的，因為它們不是加減乘除、成本利潤的問題，它是條件問題、情感問題、情緒問題、歷史糾葛事件問題。許多光怪陸離的事都因金錢而發生，有人在解決債務的同時也解決掉了婚姻；有人因為配偶在外欠了巨債，為保障家人而「假離婚」，最後成為「真離婚」；有些家庭

因為逃債，所以另一半不知去向，所以，形同離婚但又失聯讓人空轉無法離婚及再婚。已結婚的人，隨時要調整夫妻之間的「金錢功能」，要不要「共荷包」要看個人及家庭的條件，選擇不會傷害到其它共同體的方式，決定金錢是你們的必修科還是選修科。如果已知對方根本不具備「金錢」功能，你就該權衡一下：如何至少保住其中一個。即，不要要求對方負責你的金錢需求，只求能保住情感。是否不要用「對方是否很會賺錢，很付出養家，或願意滿足你的金錢需求」來評價你們的關係？如果其它功能還在，比如對方對你一心一意，溫柔體貼，比如對方是個把兒女照顧好的家長……是否能在這個功能上打打折扣，放對方一馬(錢你來賺，家用你來付)？請考慮。照說婚後應該兩個荷包併成一個來使用，但你不願意，那得要有個說詞，還要有辦法，想辦法不傷和氣。對方會說「你不愛我」，你會說「那你是貪圖我的錢才結婚的嗎？」金錢是人生、也是婚姻的存在關鍵，但，就因為大部份的人及家庭，鈔票永遠不夠，或有責任額的問題，我認為不該因此讓婚姻成為犧牲品。所以建議因人而異，家家不同，視實際性格及財力，把它置為「選修科」而非，「必修科」。比如：不重視金錢的人，不要強迫拜金逐利的另一半認同自己的淡泊明志，這樣感情就不會受傷。比如：對方對家庭經濟毫無貢獻，但只要他(她)很愛你，你為了這個功能，可以考慮接受婚姻的完整。比如，你已預見對方是個財務災難，就辦好「夫妻財產分別制」，除非對方讓你覺得值得，你沒有必要「共體時艱」。

男人有錢就會變壞，女人有錢招壞人

以上，說的是在家裡，金錢觀如何影響家庭生活。而在家外，錢會決定是否會有人出軌。「男人有錢就會變壞」，因為看準了的人會自動上門設局吸金。變壞是指可以用錢打發的出軌玩樂，怕的是玩的是感情。即使曾經的村姑，有了錢後就會吸引有心份子，芳心寂寞的家庭主婦在網上被騙100到1000萬的時有所聞。有味道就會吸引蟲子，而金錢是世上最有味道的東西。有此一說：「錢夠深的人，反而不敢隨便外遇」，因為預見會有麻煩，也防著上門來的是沒有真心的吸金者。反而是錢不是很多的人會隨便外遇，有便宜就佔，出事後也沒有油水給到對方而無所謂。時下有更多的已婚者，一開始就打著「我有婚姻」的招牌出來而玩遍天下，並且一開始就讓對方成為自願的一方，如此預先就杜絕了後患。錢太少，會有人求去；錢太多，會有人借離婚求去以便分錢。金錢觀為何，是否有錢，決定一個談戀愛、處理家用的態度。

讓「金錢共同體」成「選修科」

金錢觀、理財智商、賺錢能力人人不同，還有命運起伏帶動變化。你的配偶如果是製造問題的人物，你就要趕緊提高自己的「財商」，為鞏固婚姻的存亡，想辦法靠自己打造家庭的金錢安全系統，設立「防火巷」來保障有人製造財務災難時的家庭存亡。如果已經發現對方是個「賺錢低能」的「花錢或破財高

手」，就要趁早規劃預防動作，不要飛蛾撲火，自找苦吃。比如，把夫妻財產分別開來鞏固自己的財產、少生小孩或降低物質要求。「財務共同體」可以是選修科或必修科，但建議把「金錢功能」當做「選修科」，不要因為傳統的觀念而一定要把兩個人的荷包合併在一起，然後產生許多衝突。沒有誰欠誰的，誰希望日子過得豪華，誰就出錢。自己沒本事奢華的人，也別把這責任架到對方的身上。不要讓「錢」成為「婚姻」存亡或是否幸福的決定因素，別讓金錢問題就成了毀滅婚姻的原子彈。「金錢共同體」為何也被我列為「選修科」？因為，古代金錢功能不彰的家庭賣兒女，現代金錢功能出亂子的會入獄，金錢，太險惡了，感情組織禁不起。透過事先約定，做好避險為宜。

保全婚姻與浪漫

如果是為了錢而結的婚，對方後來家道中落，讓豪門生活碎裂成貧民，那婚姻當然就隨之結束。但人部份的人都是為了愛而結婚的，所以我贊成雙方沒有「金錢」的功能，但仍然保有婚姻，兩者可以「井水不犯河水」，各自為政。與其因為財務災難而把家庭也毀了，不如至少保全一個。在女人已有經濟自主能力的現代，「雞蛋不要放在一個籃子裡」「家計不要只指望丈夫一人」「夫妻財產可以約定獨立」這些策略，都可以保全婚姻關係，以免大難來時各自飛。當這個共同體若實在「共同」不下去，或是「共同」得很痛苦、很恐怖？談錢的時候，你留不下任何浪漫與性欲。或，你看清楚了，對方這一生完全不具備「金錢功能」，只要不製造「土石流」就偷笑了。那，就把它當選修科吧！除非，為了愛，你願意為他(她)流浪流亡走天涯，也願意為他賺錢、揹債、還錢……雖然法律沒有規定夫妻應該為另一半承擔債務、雖然無辜的子女要幫父母還債也也不合理，但仍然是無法逃避的親人金錢功能，比如有簽字的做保，不能否認的親子「撫養責任」。千萬不要讓家庭只剩「金錢功能」，現在已常見這樣的家庭：因為學業或工作，一家人都不在一起吃飯，三天兩頭都沒有機會坐下來吃東西，最後只剩一個「金錢功能」而藕斷絲連在一起，小留學生家庭會婚變，子女會不親，都因為彼此沒有其它的功能，只剩「提款機」的功能而已。

小家庭所需的金錢是有限的

我要特別強調：只要沒有奢華的慾望，不會冒險投資，沒有生太多的小孩，不出亂子，沒有「土石流」，一個小家庭的「金錢共同體」所需金額並不會太高。讓一個男人及女人能感到自主及主控的金錢數額其實也有限，有人只要有1千萬就覺得可以退休了，我們對金錢不要太沒有安全感。當然，如果你們的「金錢共同體」功能很好，一起升官發財，把家庭經營得有聲有色，就是可喜可賀的事，那你們就可以把它當做必修科。金錢共同在一起，有其優點與缺點。每個家庭狀況不一樣，要自行做選擇。只要你願意，有什麼不可以？這都是個人的選擇。

功能7

親友共同體
選修科

「不是兩人結婚，是兩個家族的結婚」？

親友共同體是東方家庭的關鍵。「不是兩人結婚，是兩個家族的結婚」，這是大家都很熟知的老生常談。聽起來很合理，但，做起來很難。沒有人希望婚後與姻親不合，但是，錯誤的觀念，比錯誤的行為更傷害婚姻。認為情投意合之後，「生活習慣」和「情緒」一定能、一定要密切配合，已是毫無根據的兩種錯誤觀念。除此之外，還有這種更不合理的婚姻定型觀念，那就是，認為一旦結婚，就能組成融洽無間的「親友共同體」。如果年輕一代的結婚都全靠自己，那就是兩人結婚，而非是兩個家族的結婚，那就請兩邊的家族少說話，少要求。人是家族動物，一定要群居。家族越活絡，生活越幸福。「只愛美人不愛江山」，英國愛德華八世要迎娶一個離過2次婚的女人，於1936年成為史上第一位在生時退位的英王。2005年查爾斯國王和已故王妃黛安娜以離婚收場後，娶了離婚女子卡米拉，都改寫了皇家繼承歷史，影響了英國王室的親友功能品質，全家族付出很大的代價。人是群居動物，家族就是最親近的群居體，相處好，人生的幸福指數就高。

愛上對方，不等於愛上對方全家人

親友群居很必要，也很幸福。但結婚後，一個外人變成「家人」後，就產生雙方「親友」的相處問題。請用大腦，甚至只用小腦想一想吧，一個人若是愛上了你，是不是一定會、一定要、一定能、一定得接受、甚至愛上你的父親、母親、兄弟、姐妹、妯

娌、舅叔、祖父母、乾爹乾媽、奶媽傭人……？是不是絕對會喜歡上你所有的新朋友、舊相識？可不可能就這麼奇妙地全盤接受了你的新同事、老同學、所有的客戶和老闆？……只要有一點邏輯常識的人就會發現，這些期望及要求是非常荒唐的。很多人都抱怨，夫妻兩人相處的問題不大，麻煩的是與對方的親戚或好朋友相處困難。有人真的就因為與對方親友的嚴重衝突，而導致婚姻失敗。在古代，有孔雀東南飛的故事；在現代，有婆媳打架打到兩個鄉里對抗而上電視的新聞事件。同理可推，一結婚就要對方不管任何狀況都得向自己的父母盡孝，這種傳統的理所當然，早就不合時宜與現實了。愛上對方，不等於愛上對方全家人，也不等於就要把對方全家人當自己的家人。

不可強求配偶把自己的家人當家人

小家庭以及忙碌的工商業時代，使親友往來的密度減少了許多，因而減輕了這方面的壓力。但是，能否與對方的至親水乳交融，的確會影響婚姻的品質。準備結婚的人，當然要努力接受對方的親友，但是並沒有義務得全盤照收。沒有人不想和姻親快樂做一家人，但無法保證能也「愛上」對方的家人，因為對方可能「不可愛」。人說現代孝媳婦難尋，不是她不想做好媳婦，可能是你的長輩難相處，是古代的媳婦沒得選擇。誰不想愛姻親，但姻親不可愛，就讓人愛不下去。不可愛的長輩，晚輩要學會如何逃避，免得被欺負。同理可推，不可愛的晚輩，長輩最好不要相處，免得看到就受氣。沒必要再給現代夫妻「親友共同體」的壓力，最好把「親友共同體」當做「選修科」，也就是，若雙方實在是無法招架對方的「親友」，那就保持距離以策安全，不要要求雙方去應付姻親。真的想要有良好的「親友共同體」，首先要改變觀念的是長輩，不應強求、不宜用「身份暴力」來要求。讓小夫妻倆情感融洽最重要，不要以長輩的高壓姿態強行介入，提出太多的無聊要求。如果你和對方的親友水火不容？就想法子把家搬到「火車票很難買的地方」見面交通不容易的地方；如果配偶強迫你要和他的家人熱絡相處，請裝傻裝可愛，能避就避，不能避就應付一下……親友共同體，是選修，不必是必修。

男人要覺醒：不該讓別人家的女兒來「孝順」你的父母

這裡有一個千古盲點及扭曲。孝順，本是每個人的天職，但是並不是娶一個別人家的女兒來服侍你的父母（而她不能去服侍她自己的父母），就能使你成為孝子。這種男人娶妻的目的，可以由雇請24小時的看護或佣人來代替啊。這種男人在找對象時，明言要找護士或醫生，司馬昭之心，路人皆知。我當然贊成孝順，不但要孝順自己的父母，更要孝順配偶的父母。愛烏及屋，配偶的家人我們當然一定要敬愛與孝順。但是，再怎麼說，也不可能愛得比親生父母更多才對，因為，它不合乎人性常理。時下，男方不可強求女方做「孝賢媳婦」，想讓你老婆做「孝賢媳婦」的話，請你先做「孝賢女婿」示範給她看。

女人覺醒：不該被迫做個「孝順」的媳婦

有些男士結婚時的考量，就是為了父母而產生一些擇偶的想法。我聽過許多男人說，要能孝順照顧自己的父母的女人他才娶？這種男人是娶女傭還是護士？我聽過一個女人自豪地說，因為她對婆婆比對自己的母親還要好，所以她的婚姻很幸福。我很想跟她說，別忘了你最應該孝順的人是自己的母親而非婆婆，因為婆婆養大的人是你的丈夫而非你……以上這類怪異的不合理說法，都是因為封建時代，過度重視「親友共同體」的遺毒，父權系統教女人忘本而產生的。別再習以為常，自主婚姻，自由時代的人，早就理得清楚它們都是非理性、非人性的封建思想。晚輩須要孝順長輩，要出於自願，而非被迫。

本末倒置的關係總是遺憾

曾有一位離婚的名女人向我炫耀，雖然她已經離了婚多年，小孩也分別歸男女雙方，可是她仍然和公婆感情非常好。她說：「我就住在附近，天天晨昏定省問候公婆，和丈夫的朋友也保持友誼。」這是多麼了不起的成就？但是，試問，如果有這麼好的人際手腕，當初多用些在夫妻之間的情感維繫上，豈不是更好？在我看來，如果夫妻關係維繫良好，就算和對方全部的都親友不合，總還是盡了本份；如果本末倒置，和姻親感情好，但和配偶感情破裂，這是多麼可惜啊？這是一種本末倒置的結果。沒錯，和外人感情好，卻和家人感情不好？這世界上，這樣的事聽起來很荒謬，卻常常發生。如果看到、聽到可別訝異；如果你家就是這樣，也別傷心。因為親友共同體本來就是個複雜又恆變的功課。有本事，讓婚姻關係好才是根本；和配偶兒女關係不好，卻和外人關係好，總是人生的錯亂與遺憾。不過，退一步再想，就算是和家庭關係不夠好，但總有些良好的人際關係，總是不錯的，這也總比和「所有天地人關係都不好」來得好吧。

兩個女人的戰爭：婆媳紛爭的慘烈後果

姻親和樂，當然有很多。但，自古以來，從來沒有停止過一種戰爭，那就是一個家庭裡的「兩個女人的戰爭」：婆媳紛爭。老先生到了退休年齡，正想開始過輕鬆好日子時，太太主動要求離婚，且把全部放在她名下的財產都帶走，讓他人生崩潰。另一個案例，女方在兒子大學畢業的當天，要求離婚，並把男方的衣物裝箱請他離開，原因，都是因為過去的數十年間，家中的婆媳糾紛及姻親過節，男方都以為沒什麼了不起而袖手旁觀，女方不再忍了……這種類似的案例，我親自接觸到的就不止10個。因為時代不同了，現代孝順小媳婦已是稀有人種，時間到了、或有能力後就不再忍耐決定讓那裝聾作啞的男人出局，自己選擇獨居單飛了。後知後覺、不知不覺，以為家中不愉快的「親友共同體」只要摀起眼睛假裝沒見到就過關的男方，最後被將軍出局了。緊張的親友關係，除了最傳統最經典的「婆媳關係」外，其實難纏的公公、勢利的岳父母也很多。至於小鼻子小眼睛、挑撥是非的小姑小叔也

難免會來助興。還有，請大家要注意，別以為都是婆婆、公公在虐待小輩，現代，媳婦欺負婆婆、女婿對岳父母暴力相向⋯⋯？也不算是大新聞了。時代不同了，「親友共同體」的問題五花八門，「親友功」也有不同的變貌、有益有害，也造成更複雜的問題。

為人長輩不要「成事不足、敗事有餘」

要成為別人的長輩及姻親，該怎麼做？請不要要求小輩為了滿足雙方的「親友共同體」功能，這樣太辛苦了。別讓年輕人在考慮結婚時，為了配偶能否與家族融洽相處而憂慮擔心。我就從來都不指望和晚輩共同生活，彼此思想、需求及生活習慣都差距很大，何苦彼此找麻煩。如果我的媳婦或女婿不喜歡我，我覺得很正常。年輕人彼此相愛就好，和我處不處得好，一點兒也不重要，最簡單的方法就是不要相處。下一代沒有義務喜歡長輩，因為年輕一代能夠兩個人好好地過日子就已很不容易了。要跟我們的晚輩上床的人，不是我們，我們不要自居當事人，只要他們彼此相愛就好。尤其是工商社會，兒女結婚時若沒有要我們付出大額彩禮聘金、買房子搞婚房裝潢，我們就要偷笑了，何必還奢求他們要和我們做親密的「親友共同體」呢。做長輩的，何必為了擺出公婆、岳父母的架勢而要小兩口常常應付我們老人家的需求？長輩不該為了自己的虛榮而破壞了兩個年輕人的新家庭、增加他們的身心負擔。不能成為兒女婚姻的甘草，沒關係，至少不要成為別人的破局者。如果和晚輩不合，感情很淡，就請「保持距離、以策安全」、維持表面情誼就好，不要強求。長輩要衷心祝福晚輩能好好相處，當前的長輩不再像連續劇裡的強勢父母，既然做不了主，也就意見不要太多。「成事不足、敗事有餘」的長輩們，囉嗦個什麼呢。提醒各位長輩，將來要做不介入子女婚姻、不給兒女壓力的可愛長輩。人生有太多值得關注的事，何必專注在一家一小、兩個姻親家庭的小環境？社會現況，兒女在身邊盡孝的可能性不高，別再有上個世紀「養兒防老」的期望。

難伺候的長輩：對方本來就是不合的家人

為什麼我認為「親友共同體」可以是選修科？且我強調，萬一、如果發生和對方的家人處不好的現象，別太再意、別傷心，這很正常。其實有些難以相處的姻親，是因為那個家族本來就是不好相處的一堆人。甚至，你的配偶可能本來就和自己的長輩、或親戚全都處不來，所以，要求新結婚的配偶去做「連他自己都沒做好的事」，這豈不是很奇怪、不合理嗎？如果他(她)本來就和家人、和親戚不合，他就是個不孝順的人，而你這個新人想要旋乾轉坤，扮演好角色，嗯，那得有通天的本領。如果這一家人原先就有火爆的相處問題，只是你在談戀愛時昏了頭沒看出來，那你就要研究如何明哲保身而非也跟著衝上火線，陷入火海……小心，也別熱心過度而火上加油了。

各種親友共同體都好：不要為了面子而丟了裡子

共同接受彼此的親友，是一種理想；實在有困難時，何必強求？憑什麼強求？過去的人常為了面子及禮數而夫妻嘔氣，現代人就該重質不重量，少交往，維持基本關係就好。別巴巴地為了面子而丟了裡子，為了攀附有錢有勢的親友，在對方辦喜事時打腫臉充胖子包大紅包，省吃儉用表現在「親友共同體」上，結果沒有得到該有的感謝與回饋後就生氣。常見夫妻由姻親那兒回到家裡，就開始衝突而反目。當然，有許多建設性的「親友共同體」，兩家姻親成為資源的擴大、財源的加分。有的人本事大，把對方的親友都納入自己的親密交往圈，成為自己賺錢或做生意的資源；有的沒能耐，結了一個婚，不但斷了自己原有的關係，還窄化了對方原有的生活圈；有的人婚後雙方親友都互相交流、十分熱鬧；有的人婚後不但仍然涇渭分明，各自為友，甚至因為不愉快而不相聞問。這些立場和密度都不相同的 「親友共同體」都應該被接受、被尊重。每個人的價值觀及交友習慣不同，怎麼能硬性規定配偶要百分之百配合「親友共功能」呢。親友共同體要求高分，常是為了面子，小心，不要為了面子而丟了裡子。

你的配偶有權力不喜歡你的親友

案例：有一對夫妻，先生喜歡把朋友找到家裡來徹夜清談，還要太太煮宵夜美食給大家吃。但是太太非常不喜歡先生的朋友，認為那都是一些無聊的人，所以總是以馬臉示人，先生當然非常生氣，他認為：「你看不起我的朋友，就是看不起我。既然看不起我，當初為什麼要和我結婚？」這種心結，使得小家庭的氣氛變得十分緊張。這個很生氣的老公問我這問題，我的回答很簡單：「你的老婆有犯『七出條款』嗎？」沒有啊，我再問：「她有盡責任做家事、做父母……嗎？她有人和錢都回來嗎？」有啊，我最後說了：「這樣『完美』盡責的老婆，你還不滿意？她只是喜歡你這個人，並不代表她會喜歡你的朋友。你認為她有義務要連帶喜歡你的朋友嗎？」我認為，每個人都有權力不喜歡、不接待另一半的朋友。他想了想，點點頭，回家了。

不可要求配偶有「朋友共同體」的功能

結果，這十多年的緊張關係就這麼化解了，因為這位丈夫覺悟到，自已一直要勉強太太去接納自己的朋友是沒什麼道理的。想想，確實他的朋友說話內容常常令太太不高興。再想想，朋友一來，他就沒時間陪她和小孩了，她當然更不會喜歡。何況晚上在家裡，誰不想要休息？她很累了，還要為他們煮宵夜，誰會高興？這位先生同意太太不願意接待朋友是合理的。就這麼簡單，他回家後和太太約法三章：1/ 朋友來時，太太不必招呼，但是太太不可以給人臉色看；2/ 先生一定事先通知朋友要來，讓太太安排節目，或帶孩子出去吃飯，或去看電影逛街；3/ 如果要吃宵夜，先生和朋友自己解決，不會讓她又要進廚房。先生不要求太太經營完美的「朋友共同體」後，從此皆大歡喜。結果，你猜，下回朋友又上門時，太太的表情是如何？噢，她打開門時，笑得像一朵花，因

為，只要有人要來，她就有好處了。只因為他同意：「她有權力不喜歡他的親友。」就是這樣的簡單。想法改變，問題就消失！

不強求共同應酬，也不可封閉配偶的社交

大家都說，夫妻應該一起應酬，這樣才會培養共同的社交圈及興趣，但我認為要有所取捨。個性、家庭條件、學歷學養、生活品味差距太大時，共同應酬就成為壓力，就該因人而異、因時制宜，別勉強夫妻一定要一起應酬。學經歷差別太大，話都聽不懂，還要與人對話，說不上話外，更容易說錯話而事後招罵。若以前和對方有過嫌隙，那同進同出就成了演戲。親友關係不是婚姻主體，千萬不要本末倒置。為了顧全長輩、手足、妯娌的面子，強迫配偶一起吃吃喝喝、唱唱，甚至被灌酒陪著熬夜，或是得把辛苦錢供獻出來給家族……，嚇死人了，婚姻沒有這麼偉大，無權把配偶整得這麼累。還有，自私與不安的人會不容許配偶繼續擁有自己的朋友圈及社交圈，愛吃醋到禁止配偶自由社交，很誇張的。人是群居動物，婚姻不該讓人成為只靠2人世界的感情的「孤島」，這樣不利健康、工作與事業，更對不起社會及家族。

「嫁雞隨雞、嫁狗隨狗」已是過去式

一位太太因為對方非常四海，她感覺這種大哥性格就是她喜歡的。但後來發現這位大哥重視親友、社團甚於家庭，傾家蕩產地在各種社團

中打混，而她，嫁雞隨雞，只好跟著「應酬交際」，她說：「見人就鞠躬有酒就敬，家裡有如開流水席的餐廳。」她痛苦不堪，因為她無法應付先生這種四海皆兄弟的親友與地緣關係。但是又何奈？除非她離婚，不然，她只能為了先生的志趣、繼續違背自己的性格來過日子。不幸後來他們落魄了，走在街上竟然熟人裝不認識，讓她看盡人情冷暖勢利。一位先生，投入宗教過深，把家佈置成一個佛堂(教會)也罷了，還逼另一半也要去佛堂(教堂)做義工，並要參加各種法會(聚會)，且要和教友們稱兄道弟……他的休閒時間都被虔誠信仰活動安排得滿滿的。他本來是對太太的信仰沒什麼意見的，但現在，他自己的交往圈已不見了，這樣的改變讓他很痛苦。有信仰，是一件幸福的好事，但不等於「獨樂樂，不如眾樂樂」，「已所欲施於人」，要問另一半是否也喜歡你的信仰，不該因此影響配偶的社交圈。

與不合的姻親「保持距離、以策安全」為宜

傳統社會的長輩，有相當的社會壓力能要求子女媳婿，但人倫觀念及行動早已變革，當事人雙方及長輩親友若不可親、不可愛，是不會有晚輩來親近、來孝順的。也就是：親友共同體的功能已不是「必修科」，可以是「選修科」。嫁雞隨雞、嫁狗隨狗的年代已遠去，娶雞隨雞、娶狗隨狗的婚姻也蠻多的。夫妻兩人的社交圈及親友密切相處固然好，若實在不合，就井水不犯河水，又何妨？勉強家人接受他們不喜歡的親友？你會付出代價。建議，把「親友共同體」這個功能當做「選修科」。

功能 8

價值觀(信仰)共同體

選修科

為什麼「同林鳥」會各自飛？

前面提到夫妻常因賺錢多少及用錢方式而衝突，這是一種「顯性差異」，但夫妻要協調並難以平衡的、更棘手的是另一種「隱性差異」，那就是表面上看不太出來的一個東西：「價值觀」。世上有太多共患難的夫妻，歷經多次「人生三溫暖」，彼此仍能不離不棄，恩愛相守，見證愛情婚姻的無堅不摧。但本是同林鳥的夫妻，有的卻大難來時各自飛，或根本不是大難，而是小小的考驗及衝突，就拆伙了。為什麼？這是因為這對夫妻之間，肯定是沒有一個共同「價值觀」，他們沒有共同面對「難關」的信念及基礎。大部份的人在婚前都因「荷爾蒙」和「現實條件」而決定婚姻，這是經不起考驗的，因為大考驗出現時，馬上見真章。「價值觀」相左時，前面提到的各種「共同體」保證是時時會爆炸，欠缺其它共同體的「功能」，彼此都對婚姻失望，早就有了抱怨、恨意了，其實在「各自飛」的局面出現之前，兩個人就已經厭煩或累倒了，到了難關時，就是臨門一腳的最後一根稻草。

最怕情感功能已無+核心價值觀嚴重衝突

簡單分析：所謂的「個性不合」，就是兩人結了婚，「彼此向對方的生活習慣及價值觀加以批判、挑戰並要求對方改」而已。人與人本來就有所不同，而且這正是吸引異性結婚的原因。再怎麼選對象，一定不合的啦！我是指，婚後一定會出現「個性不合」

的問題。這無關溝通，「合」或「不合」，差別只在發現了自己看不順眼的事後，是否向對方「不同」的習慣或價值觀提出批評及正面挑戰而已。相愛會「不合」，很正常，而容不下「不合」的原因，最主要的原因是已經不相愛(情感功能已無)，及價值觀嚴重衝突。這兩個原因各自存在時，婚姻還已很勉強，若2者同時發生，通常就是婚姻破局的一刻。

無關溝通：價值觀是一生誓死悍衛的

不合必定有，為何有些能忍，能協調，能妥協？因為無關價值觀。無法忍受的「不合」，就是根深蒂固的「價值觀」。造成婚姻最大裂痕的，並不是生活習慣、吃東西口味這些細枝末節這些較具象的事件，嚴重「不合」都是打死都很難改變的、非常抽象難理解的「價值觀」。有所不同，可以不去批評它，不去糾正的通常是自己不在乎的事，既是在乎的事，當然就一定會不惜嚴重衝突而誓死捍衛，這些事就是「價值觀」。人是靠著誓死捍衛的價值觀而活著的，若沒有巨大的理由是不會妥協的。 許多人說婚姻的最大問題是「溝通」，其實這是讓「溝通」背了黑鍋了。老是有「溝通問題」的夫妻，真正的原因不是口才不好，而是「價值觀」的嚴重差異，所以一開口就必衝突，當然就「三句話都嫌多」。價值觀是深入靈魂、很難改變的，不是情愛與口才能改變的。別的不合，可以調適；價值觀的衝突，很難委協。所以，別讓「溝通」「口才」揹黑鍋。也別再說「個性不合」，要說「價值觀不合」。

價值觀決定生活模式及行為方向

價值觀決定一個人「討生活模式」「人際關係」「生活作息」……的原則。決定終生只想做個公務員，還是一個一定要創業的企業家；決定你對人保持疏離還是擁抱群眾；決定你是逢迎拍馬還是本本份份；決定你是「拜塵族」還是「隱居者」；決定你是熱熱鬧鬧開店還是安安靜靜種田；決定你會早早退休還是永不退休；決定你是濃妝艷抹還是素顏簡服；決定你是一個抗爭鬥士還是個只求自保的鄉愿；決定你常常在戶外運動活動還是只喜歡老是蹲在家中宅居；決定一生忠貞不出軌還是認為男人逢場作戲沒什麼了不起而外遇不斷；一方認為家醜不外揚，一方四處張揚家裡的困境……而任何一種價值觀，都變成配偶是否能配合的功課。價值觀決定他信仰的宗教及政治理念、決定他的交往模式、花錢態度、性生活需求、當然，也會影響到他的起居作息、飲食口味。價值觀，如果你家裡有兩極化的價值觀出現，你們就會覺得在婚姻裡活得痛苦，在吵鬧多年後，就宣稱你們「個性不合」，其實是「價值觀衝突」。我曾接觸過這樣個案：人到中年時，先生堅持要辭掉工作去創業，太太勸他不要，且也不肯拿出積蓄給他去創業，結果，最後先生在外面找了一個有錢的女人當他的金主，他就和她離婚了。這只是因為他們的價值觀走到一個叉路上，以致於婚姻關係也得分道揚鑣。他們的分手，與感情無關，也與金錢無關，與他想創業她想守成的價值觀有關，與個性無關。

種因於童年的深層價值觀

一個人的價值觀，就是他(她)內心深處的最執著的東西、終其一生極難改變的信念，一個人就是靠著這個信念來面對人生的風雨，決定對人對事的反應。一個人沒有自己的「三觀」，那就只是一個消耗糧食的、空洞的「動物」，並且經受不了人生的風吹雨打。價值觀通常種因於童年、已完成了數十年；價值觀的力量很大，支持每個人過一生，讓他面對挑戰時有因應對策，基本上，價值觀就是一個人生存的支柱，因此很難被改變。比如，我們曾見過有些政治人物、宗教人士、藝術家的身邊，有許多支持者，其中也包括異性的「知已」及「護持者」，也見過「一夫多妻」或「一妻多夫」的關係，為什麼他(她)們可以「相安無事」？因為有一個共同的「觀值觀」「使命」或「信仰」，所以能讓他們克服嫉妒、而能在一起生活。他們活在一個共同的「價值觀」裡，這個功能大到他們能不計較一切。

家庭背景不決定人品及價值觀

不可用學歷、長相、財力、身高、體重、省籍、星座、生肖、家世、其父母來判斷對方的價值觀，因為同一個家庭養出來的3個人可能是3個樣子、有3種不同甚至衝突的價值觀。別以為將官世家養出的孩子一定很英勇，有可能卻是膽小鬼；豪門大老闆的孩子，有可能比他的父母更會做生意，但也有可能是個商業白痴、甚至是敗家子。家庭背景不決定人品！有些家庭親子水火不容、手足從小反目，就因為同一個家庭裡，也會有不同的價值觀。「價值觀」是潛藏不露的，高學歷的博士竟會打妻子，小學畢業的卻可能尊重女性？是否有厚待老婆的態度，無法用家世、學歷來判斷；而一個女人對情愛的安全度，以及情緒的成熟度又往往與其長相、學歷、背景無關，當然，更與他的星座、血型、生肖無關。

婚後相處由「隱性」的「價值觀」主導

外貌的美醜，是看得到的，所以是「蓬頭垢面」、「輕鬆隨便」，還是「儀容整潔」、「裝扮嚴謹」在婚前是「顯性條件」，但是在朝夕相處之中，這些就成了習慣了的常態。再美的人天天看，也不覺得其美；反之，醜人也會被看習慣。只要他們具備「合得來」的價值觀，具備滿足彼此價值觀的功能，一樣可以快樂白頭偕老。美女若邋裡邋遢、言行隨便，對習慣窗明几淨、言行潔癖的丈夫而言，她就是最醜的女人，因為「價值觀」衝突了。婚後的相處，靠的是「隱性」的「價值觀」，外貌協會、財力體力的優勢就消失了。

顯性的價值觀：「生活習慣共同體」

隱藏的價值觀會決定你說的話，對方是不是會一聽就跳起來。具體表現的顯性價值觀，就是生活習慣。「必修科」之一的「生活

習慣共同體」之所以對婚姻影響如此大，之所以那麼難改，原因就是「習慣」的背後，也是根深蒂固的「價值觀」。生活習慣是「硬件」，可以靠物質來調整；價值觀是「軟件」，很難更改及調適。舉例：有一對夫妻，婚姻長期不合，竟然是為了開燈還是關燈。因為太太是環保份子，認為用電會增加溫室效應、核能發電廠、PM2.5，所以盡可能地不開燈；而先生認為做生意就要有熱熱鬧鬧的氣氛，因此不但是「所到之處」必定每盞燈都全開，連辦公室及家裡沒有人時都要開得燈火通明。這個家庭，就常常出現「環保份子」天天在「電力公司」門前示威的「抗議場面」。這，就是價值觀不同的後遺症。請別問我這對夫妻的感情好不好，再好，也不可能好下去了，因為一進房間，就有開燈還是關燈的對決。表面上看，開燈或關燈？是「生活習慣」？不是，它是「價值觀」。

隱性的價值觀決定人生藍圖

一個人一生的基本藍圖，不由出生背景或教育決定，就因為價值觀是隱藏在內、沒有慧眼是看不出來的。我們常看到條件旗鼓相當的「金童玉女」分手了，而條件並不匹配的夫妻卻白頭偕老？也許你還會笑那個人是「這種老公送給我，我都不要」，也許你也奇怪「這種女人他竟也受得了？買一送一都不考慮。」「這樣的老粗或無鹽醜女竟有人要？」可是他的配偶可把他(她)當個寶很恩愛呢。這時候我們可以斷定，他們之間一定有著共同的價值觀。外人只看到外表的條件不合、環境不順，但當事人就是能恩愛牽手下去。

可以「不同」，只要能「接受」

但，這裡有個好消息，那就是，就算是「價值觀」有很大的差別，並不代表一定有衝突，只要你們雙方都同意這是一門「選修科」，可修可不修。比如，有人篤信某個宗教，而另一方對任何宗教都完全沒興趣，雖然不配合，但沒有阻止配偶的全心投入宗教，這樣做人就不錯了，這個婚姻就保住了。但前提，是信仰虔誠的一方得感謝另一方不阻止的善意。相反的情形則是，因為不同信仰(政治)而起嚴重衝突，要對方做選擇：「要跟我去信教(投票)，還是結束婚姻？」二分法出場後往往就逼出絕裂。以我為例，我沒有宗教也支持人們信教，我從不算命，而我許多好朋友迷信堅定、超愛算命……我都沒意見，也能樂觀其成，他們高興就好。

只要能「接受」，沒什麼不可以！

再舉例吧，有人就是愛抽煙，無論如何都不戒煙，另一半卻聞了就要吐，堅持逼他戒的話，這件事就會造成破裂。不是開玩笑，我知道有不抽煙的人為了對方堅持抽煙而最後決定離婚的。反之，有人卻對這件事不在意，還在家裡特設「專用吸煙室」，設定遊戲規則，讓抽煙的人在「毒氣室」獨自享受，讓其他家人不

吸「二手煙」，大家都開心啊。價值觀的差距讓婚姻面對挑戰，但只要對方不以為意，再大的價值觀差別，也一樣可以過關，可以成為「選修科」。只要能接受，沒什麼不可以。你去教堂，我拜觀音；你吃大魚大肉、我只吃素；你愛社交，我就是要隱居……重點是彼此不批判，關鍵是強勢主導的一方要厚道些。這種「各行其道」的婚姻，只要能接受別人的質疑。舉例，我之前的先生是個重事業的「宅男」，不愛旅行，但我想「環遊世界美食一輩子」而經常一個人說走就走去旅行，所以每每在旅程上遇到別人問「妳為什麼一個人旅行？」的問題，我理都不理，微笑著不回應。不用理別人怎麼看，任何夫妻價值觀再怎麼不同，只要還能共處一間房子裡且沒有離婚，這就是最了不起的婚姻。

小愛與大愛，小我與大我

價值觀是最大的內聚力，它可以克服任何差異、它可以抵擋數十年的風雨或災難，這是許多堅貞不移的夫妻背後的最大元素。因為，它讓兩個人的結合進入這樣的境界：小愛因大愛而被保護下來，小我因大我而被放大，因此感情和價值觀都兼顧了。共同的夢想、革命情感、目標與經歷形成共同的價值觀，會成為關係的最大內聚力，即使風來雨大，他們都會視若無睹地手拉著手向前行。你是否看過義無反顧支持配偶的夢想或志趣的人？你是否聽過即使明知配偶外遇好多個女人也繼續支持先生事業的女人？他們，都有一個共識、一個共同的重要目標、相同的價值觀在做後盾，這樣的婚姻，任何所謂的差異，都沒影響了。有共同價值觀的夫妻，可以為了升官發財、栽培子女、繼承家業、殘障兒女、支持弱勢族群、為了環保抗核、為了推動特殊夢想而把一定會有的許多「不合」、其它「共同體」的差異都拋諸腦後。願為理想、夢想打拼，就是一種強力膠，可把兩人、全家、一個團體牢牢地結合在一起。

和而不同、無關對錯：選修科

想要有「共同的夢想、革命情感、目標與經歷…」？可遇不可求，所以，別為自己找壓力，把它規劃為「選修科」就行了，因為，不是每個人都有理想夢想，也不是每個人都需要理想夢想，若你有，就不能要求對方全力配合。你的價值觀，你的夢想自己去追求，配偶有權配合，他(她)只負責婚姻基本功能，沒有義務配合。配偶只要有「婚姻三昧」的基本功能，沒有義務被迫要和另一半的「價值觀」「夢想理想」綁在一起。

核心價值觀無法退讓，小價值觀要妥協

只要大原則、核心價值觀沒有衝撞，就可以試著走向「和而不同」的境界，這是社會及國家都要追求的境界。如果要強迫對方扭曲他的基本個性(價值觀)，要對方妥協他一生執著的原則，那就是婚姻災難了。小的「價值觀」，就像小小的「生活習慣」

一樣，也是「無關道德 」「是非」「對錯」的，只要我們不拿著雞毛當令箭而大做文章，別忘了我們自己也有許多不自覺的價值觀、小毛病、小習慣及小原則。「價值觀」和「生活習慣」一樣，只要不是罪大惡極或驚世駭俗的事，即使再奇怪、再彆扭也該受到尊重。為了家庭和諧，可以在一些小動作小觀念上讓步。如果配偶是個霸道不講理的人而常被否定價值觀，就會使人感到靈魂上的痛苦，即使在物質上他得到了很高的滿足。確認雙方的價值觀有核心上的差別時，婚前就「走為上策」另換對象；婚後只能把它當「選修科」而放棄溝通、協調、抱怨與要求。

「個性不合」背後的2個原因之2：精神病症

很多人抱著「逃離」的心情走出婚姻，除了價值觀嚴重衝突而讓日子過得痛苦外，我嚴重懷疑，「個性不合」的原因，是因為有一方，或雙方都已有了精神病症。有憂鬱症、恐慌症、燥鬱症、強迫症、妄想症、焦慮症……的人，如何跟人「合」？這個議題太大，我也非專業，只能點到為止。精神已有病，醫生也治不好的人，如何滿足與對方「價值觀」吻合的功能？談不上，光是說風就是風，說雨就是雨的隨時爆炸，就讓人活得膽戰心驚了。

現代的「門當戶對」需要慧眼才能看出來

所以，我常說現代婚姻還是有「門當戶對」這回事，指的就是找對象，不能找「價值觀」差太大，或完全相左的人。現代婚姻的「門當戶對」並不是有錢人找有錢人、窮人對窮人，而是價值觀對價值觀。舉例來說：牧師與牧師娘結婚，山裡的強盜也找到壓寨夫人，這都是絕配、佳偶，因為就是價值觀的吻合。如果，牧師娘嫁給強盜，壓寨夫人嫁給牧師，請問，家裡還有寧日嗎？如果，不信鬼神的人與事事卜卦算命求神的人結婚，結果會如何？這裡面沒有絕對的對錯，卻有組合的問題。當價值觀南轅北轍的兩個人碰上了，家庭便可能動不動就出現言行上的衝突，讓家庭成為戰場，讓2個相愛的人活得痛苦萬分。出身背景相差很遠的人，不一定會有不同的價值觀，有時候會因為個人差異及特別的經驗互相吸引，產生互補的關係；怪的是，也有非常相同的社會背景者卻無法溝通、嚴重相處困難的情形，原因就是「價值觀」是隱性不顯的，但關鍵時刻一定出場決定形勢。現代的「門當戶對」，需要慧眼才能看出來，需要《智能擇偶》的技巧，要懂得在婚前就要透過故意起衝突，或身家調查等方法查訪出此人的背景及價值觀的線索。所以，婚前不要太注重一個人的學歷、長相、財力、身高、體重、省籍、星座、生肖、生活習慣……因為，會決定他的生活方式、決定他和你生活在一起是處處開花還是時時爆炸，真正在主導的是這個人靈魂深處的「價值觀」。找對象，一定要用有效的方法，要智能擇偶。

婚前《智能擇偶》、婚後「世界大同」的境界

人人都有不可觸犯的價值觀，有的人是道德上的絕對潔癖，有的人是宗教的全心堅持，有的人是對物質的全面追求，有的人是性行為要求絕對忠貞……都是不可侵犯的。若不知厲害而去批評挑戰，小心，功勞苦勞都可能全被抹煞。讓共處一個屋簷下的人，由小孩到大大都各自擁有自己的價值觀，這種相安無事的境界，就是「世界大同」。但我再次強調：這必須雙方都還有「感情功能」，若這個功能沒了，誰要配合誰啊。情投意合很常見，若又能志同道合，這個婚姻就頂級了。但是婚前如果沒有注意到價值觀的嚴重衝突，以致於生米已經煮成熟飯了、又能怎麼辦？只好把這一門共同體當作「選修科」了。婚前如何細心找出對方的「價值觀」及審美觀？審視對方或家族是否有精神病症？如何找到讓婚姻固若金湯的《婚姻3合土》，這就要靠《智能擇偶》的本領及藝術了。

★《婚姻3合土》，指的是土、水、水泥3合土的硬牆，在婚姻裡則是兩人的價值觀、審美觀及生活習慣。它們是婚姻的膠水，也是婚前擇偶的3大指標。

功能9

命運共同體

選修科

結婚進行曲與結婚誓言的啟示：嚴肅的「命運與共」

許多年輕適婚的單身貴族、遊牧族之所以抗拒結婚、害怕結婚，所持的理由有：害怕失去自由、增加負擔、擔心個性不合、嫌麻煩……但他們不明白他們說不出來的一股憂慮，其實是一個名稱，那就是「命運共同體」。沒錯，想結婚的人得知道，在華麗的婚禮背後，有著很嚴肅的一面：套上了結婚戒指，兩人便成為「命運共同體」的同命鴛鴦。你是否想過，為什麼結婚進行曲不是輕快的小曲，而是莊嚴的交響曲？細心體會的人就會明白，這個曲子在告訴你們：結了婚，兩個人的命運就結合在一起，這絕不是輕鬆愉快的事，而是莊嚴肅穆的大事。西方人的結婚誓言更是明言：牧師引導新人說的是：「不論貧窮還是富貴，健康還是疾病，你們要一生一世忠於彼此，愛護守護彼此。一生忠於他，尊敬他，陪伴；要尊重愛護他的父母，要敬愛他，順服他，幫助他和他的家族、保持自已的貞潔……」看吧，一點兒也不浪漫，全是責任，直接白話說的就是「金錢和健康出問題時，你們還要不要在一起」。東方人的結婚致詞是「百年好合，早生貴子，永浴愛河」，說的是表面的幸福，沒說的是百年之間你們要承受的共同命運。婚姻時許下的誓言，很嚴肅，說的是：在你風光的時候樂觀其成，在你落魄失意的時候不捨不棄、亦步亦趨；就算你強我弱，或是你吃虧我佔便宜，都沒關係，關鍵時刻不臨陣脫逃，這種「命運與共」的境界，就是人人期望的幸福婚姻，是否如願呢？

命運的考驗：婚姻要你們「同甘共苦」

婚姻是個不斷變化的有機體，一路上，命運的起起伏伏一再地考驗婚姻，我們就只能邊戰邊走。婚姻和人生一樣，彼此沒有「平等」這件事，只有無盡的「平衡」的工作。剛結婚時，表面上，也許有一方比較佔優勢。但是，命運藍圖，沒有人能預知；卜卦師、乩童、算命先生也算不準。起先佔優勢的一方未必能永遠佔優勢；有一陣子，對方比較發達；有那麼幾年，你的運氣比較差；再過幾年，也許對方的事業垮了，甚至是得了重病、出了意外；有時候，到夫妻都白了頭時，老是居於弱勢的一方開始出頭。照說，結了婚，就會、也該「命運」與共，共榮華共富貴、共處貧賤共處憂患……你低潮的時候，我來把家撐起來；你榮耀的時候，我可以樂觀其成。但能不能、願意不願意「同甘共苦」，要看那時雙方的感情還在不在，雙方的現實糾葛有多少。

同林鳥的「命運與共」

小小命運與共，其實還算是小事；怕的是碰上經濟海嘯、精神崩潰、意外生病、法律糾紛、時局戰亂這些巨大的、可怕的天災人禍式的恐怖命運，那才是對婚姻人的真正考驗呢。每一對做夫妻的，都是準備要同甘共苦共命運、做同林鳥的，但如果面對太大的災難，實在是扛不住而各自飛、還可能還成為彼此怨怪的仇人。再相愛的人，若遇到離奇的命運變化，很難還能堅持做「同林鳥」。如果10大共同體本來就有天天爆炸的地雷區，許多功能早就沒有了，這時候，一點風吹草動就能讓關係立即破裂，因而沒有支撐「命運與共」的理由及力量。愛情是堅定的，但財務、肉體及精神是脆弱的，命運違和時，同林鳥到底有沒有繼續承擔與相處的決心，立馬見真章。

「命運共同體」的不公平：連坐法

命運共同體，指的是：婚後，夫妻的命運就綁在一起。比如：他(她)欠的錢、支票你都要去調；他失敗，你也得跟著不成功；對方闖了禍，你要一體承擔，甚至把自己搞得遍體鱗傷也無奈；有人做了丟臉的事，你也跟著沒面子；結婚時是健康寶寶，沒想到突然重病怪病纏身而耗盡家財……既然結成夫妻，就得接受對方的「命運起伏」與自己有關。在你風光的時候樂觀其成，在你落魄失意的時候不捨不棄、亦步亦趨；就算你強我弱，或是你吃虧我佔便宜，都沒關係，關鍵時刻不臨陣脫逃，這種「命運與共」的境界，就是人人期望的幸福婚姻。如何能在「命運共同體」得到高分？能勘透人生命運起伏的本質，懂得「命運與共」的使命，要能不講究「公平」與「條件」的人，才能完成這個共同體的「功能」。

不要被「連坐法」：把「命運共同體」當做「選修科」

社會對夫妻是「連坐法」的，老公做人差，老婆形象也跟著壞。

老婆欠人錢，老公逃脫不了責任。在過去，「命運共同體」是必修科，但我認為，現在它應該也可以是選修科。一男一女結婚做把婚姻角色做好，不該負責對方的道德及變故。古人45歲就掛了，考驗期不長，社會單純，沒有太大的驚濤駭浪。現代的壽命可以高到80多歲，幾乎是2倍，考驗期太長了。婚姻路也複雜了，當下離婚已3、4、5 次的人比比皆是。人的一生，千變萬化的命運起伏會多到、大到讓人招架不起，連帶的也讓配偶承受不了。相處好了幾十年，誰能保證最後沒有命運的另一個大波折。誰能拍胸脯說：任何事情我都能擔能扛。什麼事都運轉得飛快的時代裡，各種命運來襲，往往來得既怪又猛，你無法預期你會遭遇什麼怪事，你的過動兒另一半會招惹什麼樣的麻煩。壽命很長的現代人，要到了最後蓋棺論定時，才知到底這個婚姻的總成績，辦公祭時才知道會不會有小三領著孩子出來分遺產。凡夫俗女的我們，終究會明白個人力量的渺小，就算很想承擔也擔不了啊。

無災無難：平凡夫妻最幸福

我建議的是：把「命運共同體」也當做「選修科」，也就是說，你不必因為夫妻的身份，而承擔對方的全部命運。婚姻靠努力，但命運會決定婚姻的存活。有些婚姻無法存活，是因為有人搞出軌外遇人已不回來、有人欠債而造成黑道追殺人已回不來，或有人動手打人有暴力、或是殺了人犯了天條的法律人進了監牢……發生這些嚴重的功能問題，婚姻當然就無法再存續。但大部份的凡夫俗女如你我，都是很平凡的好人善人，一生多半沒什麼了不起嚴重的事情，我們在平凡的婚姻只要提供對方必要的功能，是非常容易做到的。無災無難的平凡是莫大的幸福，能保持婚姻三昧、能共同生活在一個屋簷下，保持實質或形式的夫妻關係就很不容易了。家庭能平安過平凡的日子，就是很大的福份，即使吵架都是福氣。

真正的承擔：只擔可以擔的部份(不擔那些擔不了的)

如果命運、財運、考運實在太大，我建議，留得青山在，不怕沒柴燒，不必玉石俱焚，能夠保留一兵一卒也總比全軍覆沒、同歸於盡來得好。亦即，不必命運與共，他失敗了，不等於你也該去坐牢；她發瘋了，不等於你必須跟著也得精神病。對方的政治立場不等於你的立場，對方犯的法不等於你一定是幫忙共犯。為財務漏斗填補缺口，是沒完沒了的無底洞，你不要覺得他的債務就是你的事；為情緒有病的人撫慰心情，是心理醫師都做不完的事，你不要被捲入無止盡的風暴裡。你和他的關係，基本上只是「上床生子過日子吃飯」的夫妻關係：你不必為對方的道德、成敗負責任，也不必跟對方的命運夾纏不清，你只要接受「彼此是夫妻」這個「命運」的事實，其它的命運，保持「各自為政」為宜。在關鍵的時刻能夠不離不棄，就算是盡到夫妻「命運共同體」的功能了，但若要終其一生去承擔不是自己的過錯造成的災難，我認為不合理，也不現實。

保全婚姻：做好財務護城河及心情防火巷

不要有罪惡感，也不要逞能承擔。不再承擔你根本不該、也不能承擔的對方命運，你會活得比較輕鬆，你的婚姻還有可能保留住，你們的家庭，也會比較長壽，即使中間發生嚴重命運的挑戰。不承擔對方自己造成的一些問題，保持距離，這樣，反而能「保全了婚姻」。如果對方一輩子倒楣，你何必一定要湊在一起做苦命鴛鴦？真正的承擔，是擔可以擔的部份，但是不擔那些擔不了的部份。你只要承擔彼此「永遠是夫妻」的命運事實。把財務做好護城河，把心情做好防火巷，各人的命運各自擔。保住感情關係，其它的可以彼此明言，各顧各的。因為，現代人壽命漫長，變化又大又快，你想全部承擔也擔不了。

不要逞能：不必捲入對方的「命運」

每個人都渴望偉大的愛情，也想具備聖人的情操，因此自不量力地介入對方的命運變化、不管三七二十一地投入所有的資源，最後，帶領著這個家庭的「領導人」或「財務部長」若是胡搞瞎搞，就可能會搞得全家遍體鱗傷、甚至破產被掃地出門、流落街頭。對「恩愛夫妻、幸福婚姻」有高度期望的人，在遭逢高度起伏的命運時，鐵定也有高度的失落。在婚姻裡，見樹不見林、沒警覺感情抵不過命運變化考驗的人，就可能因為「命運共同體」而付出慘痛的代價。你一定要捲入對方的「命運」嗎？我的建言是：因人而異，看你願意不願意、能力夠不夠，對方值不值得，感情還在不在。如果前半生對方對你恩重如山，情濃意蜜，你願承擔他(她)的惡運就是人之常情及道理；如果對方前半生並沒有讓你感受到幸福，對你並不好，甚至讓你受傷受創，那麼，就不必被「婚姻身份」綁架，硬要承擔對方的健康、財務等命運考驗。別人不仁，你不要就不義，但能否「以德報怨」，還是「心不甘，情不願」地被命運擺佈，那就要看你願意不願意。

預見最終的命運：不被配偶的健康襲捲

蘇東坡說：「大患源有身，無身則無病。」另一句影響我後半生人生觀的是：「身是眾苦根」，它們讓我明白，其實人生的「命運」，無非就是「健康」這件事。我早就預知及預防，婚姻本來就是靈肉結合的一種人際關係，一結婚，從此對方的身體、健康狀況也都和你有關、對方的疾病也成為你的功課。當我看到我的已故先生脾氣及生活都不健康時，就做好了我的晚年命運準備。所以我自己早就把維護健康當做生活的最高指導原則，我知道，那管我上萬人的演講面對的是鮮花、掌聲與紅地毯，那管我上電視時吸引數十萬的粉絲，我的真正人生是與自己的身體活在一起，身體健康我才有快樂。我要負責自己的人生健康快樂，也要預防不被另一半拖累。所以當我的第一個婚姻拖累我的時候，我一樣如常地進行我的人生計劃，其中就包括養生計劃。我明言，我不承擔他的命運及健康狀況，這是我能遭逢命運打擊而能倖存、繼續好好生活、

專心迎接我自己的命運、再創幸福的原因。健康是每個人的最終命運，我認為要伺候自己的健康，不要伺候配偶的病體。婚姻生活是不可能有距離的，但命運在心理上及實質上可以有防線。這是我的理念及決定，但不是每個人的選擇，我分享出來只供參考。

「身是眾苦根」：健康是每個人的最終命運

世界上本來就會有不改變飲食習慣、不肯運動因而會生病的人，他們的人生最終一定有身體上的災難，不是得了文明病就是有了精神病。人到又老又病或殘時的命運就殃及魚池，這些照顧責任就全落在配偶與子女的肩上，即使他們本來的感情並不好，也得被迫承擔。這很不公平，這種被迫的「命運與共」拖垮了很多照顧者的人生。生病的人過去不聽你的話而搞壞身體，卻要由你來承擔後果。我常說，許多人把最好的、最精彩的給了外面的人、給了事業、給了他的夢想或小三，最後卻把殘敗病體及殘年交給最親愛的、甚至是以前自己忽略的原配，這樣公平嗎？我們希望看到老年夫妻是手牽手散步，而不希望看到是一個老人很辛苦地推著輪椅來照顧那個身體和脾氣都壞的老伴。那個老伴若之前有善盡婚姻功能，照顧者當然會心甘情願；怕的是，以前早就沒功能沒貢獻了，處處地雷區，等到命運來襲時，還想要對方善盡「夫妻的義務及責任」，這就很好笑了。一個人的作息、飲食是否正確、運動是否足夠、是否不生大病，這些，竟然才是婚姻「命運共同體」最後的終極因素。婚姻的最終命運，就是彼此是否在健康上拖累對方，這才是終極的「命運共同體」。即使是帝王將相，前使過去爭吵不斷，一旦有人坐輪椅了，那就是見真章的一刻：留在你身邊的人是誰，那個人又是什麼樣的態度對待你。

一生無法「斷捨離」的「命運共同體」

婚姻關係，會一生尾隨著你，根本無法「斷捨離」。世上沒有真正的離婚，只有法律上的離婚。離婚上即使已不再是夫妻，但其中一方出事情、上新聞時，不管是他犯法或發財了，你還是會被牽扯出來，會被要求發表意見或提供資訊，不合理，不公平，但就是會這樣。曾經是夫妻，你們的臉上就蓋了彼此名字的章，有了共同的兒女，血緣血脈關係，永生抹不掉的。「命運共同體」無法完全斷離，所以要調適好心情，保護自己心情及生活不受太大的影響。同時，社會也不要「連坐」夫妻，成年人的各人行為各自擔，不可將一人的言行掛勾給他的另一半或兒女負責。「命運共同體」必須符合各人人權，是否願意提供「命運與共」的功能，是「選擇題」而非硬性的倫理責任。婚姻的最終命運：不管有多恩愛，一定有一個人因健康不佳或意外而先離開世界了，婚姻也就消失了，這就是婚姻能相處多久、要珍惜的命運因素。因此我常提醒婚姻還健在的人，即使在一起吵架都是一種幸福。請預想一下，當你終老時，人情冷暖是讓你暖心還是心寒，酒肉朋友依舊在還是鳥獸散，那時，最後陪伴在你身邊的人是誰？那個人，才是你命運與共的人。那個人，才是你最該重視、感謝的「命運共同體」。

功能10

事業共同體

選修科

共事業的婚姻挑戰大

夫妻沒有共事業的人，這一章就不用看了，只要把9個功能顧好就行了。有共事的夫妻，請繼續看下去。有人來找我諮商婚姻問題時，我會先問：「你們有在一起做生意嗎？」奇怪吧？這是因為，我就是和先生結婚後「共事業」而有豐富的經驗所致。這是我個人的慘痛經驗，為了善盡「合伙人」的功能，我們都把夫妻的感覺都廢掉了。相形之下「沒有共事業而只是共婚姻」的家庭，就簡單得多了。只要你家沒有事業共同體，你家就少了難度超高的功課，你們的婚姻要幸福，是很容易的。共事業的婚姻，挑戰大！

夫妻合伙創業的「婚變」：婚姻關係的改變

夫妻合伙創業，或在家族事業裡共處，有無數的挑戰。擁有事業的人就知道，「事業」的高度複雜與千變萬化。在工商業時代、都市化時代、資本時代裡，中小企業創業本來就是趨勢，帶動社會經濟行為活絡的主因。靈活度高的中小企業通常是夫妻同心的「家庭企業」，最容易經營，也最容易成功。結婚後一起創業、或是就進入對方原有的事業一起經營，婚姻關係馬上就變成「事業共同體」，夫妻的功能就要附加上「合作伙伴」的功能。於是，你們就「婚變」了！這個「婚變」不是指外遇小三，而是指「婚姻關係的改變」。企業家庭裡，「從早到晚都在一起」，或是分工分得清楚而「從早到晚都不在一起」，從此浪漫的感情變

質、變成「在商言商」「公事公辦」的商務關係。你們已不是單純的「夫妻」，已變成「董事長」對「總經理」，或是「出資人」對「管理人」了，這就是我定義的「婚變」：婚姻關係的變質。

夫妻創業：勝算最高的東方特色

在古代，女人一定要讓先生沒有後顧之憂，一定要女主內而讓先生能專心於工作事業、或是吃喝玩樂。在工商業時代裡，就出現了一個新趨勢：小夫妻倆共同創業，形成最佳的「事業共同體」與最令人放心的搭檔。其實「家庭企業」並不是新鮮的玩意，自古以來就有。夫妻共同創業本來就是東方社會的特色，只是以前先生養雞太太餵飼料，先生賣麵太太磨粉……根本就是義務本份，只是「多功能全自動全年無休如超商，沒薪水且要兼顧老婆功能」的女人不知道自己是「事業合伙人」而已。夫妻共事業本來就是傳統，而近代中小企業掘起，而同心同力的夫妻就成為最佳創業組合，再加上知識普及，女人能力快速變強，企業家庭的勝算就更高了。

企業夫妻的好處：100%可靠的合伙人

有許多幸運的人，因為有完全可信任的另一伴的合作而事業成功。在工商時代，有太多太多的成功事業，始於夫妻檔的合作無間、白手起家，我們樂見其成，也希望有更多的成功案例。因為，一個你100%信任的家人，一個不會請假、遲到、辭職、計較的免費員工、一個「多功能、全自動、全年無休」有如24小便利超商的合伙人，就是生意成功的保單之一。我們在各行各業裡，都看到許多成功家庭企業夫妻檔，他們的功成名就，令人佩服，這種夫妻最得到我的崇拜，因為我知道他們的超級不容易。他們的事業成功為社會創造財富與就業機會，他們創造傳奇故事，他們經得起市場商戰的考驗，同時竟能在做生意過程中每分鐘都會發生的「情緒共同體」裡保住脆弱的「感情共同體」，太了不起了。當然，也有成仇的夫妻檔，但我相信那都是少數。

企業夫妻的缺點：新的夫妻平衡問題

新時代，就一定會有新問題。在以前，夫妻合伙，主導者必定是丈夫，妻子永遠是做得最多、說得最少、只能聽命的配角，所以家庭事業衝突不大。現在可不同了，現代女人得到一展身手的機會，她會是丈夫最得力 、最可信任的左右助手，更可能「喧賓奪主」幹得更有聲有色，成為夫妻事業體的首腦或靈魂。在這種情形下，「家有一個女強人」，丈夫面對強勢配偶的做法及心態、女強人是否能接受先生的表現、立即成為夫妻關係的巨大壓力及試金石。現代女人的能力及角色與古代不同，男女雙方都必需要找出平衡婚姻加事業共處的模式。如果調適不成功，就會成為事業能否維持成功、家庭能否延續的一大陰影與危機。且看一些知名店家爭商標，大財團夫妻離婚的官司，說明，商業帶給婚姻關係的，是一體兩面的。

比單純夫妻難10倍的企業夫妻

企業家庭是個相當普遍的趨勢，因我個人感同深受這門功課的重要，所以把它也列為一門功課，但認定它應該是「選修科」而非「必修科」。如果有可能，我建議的是不要夫妻共事業，或共事業但能分工分得不影響婚姻(很難)。企業家庭裡，要面對24小時密集相處的挑戰，要面對商場萬變的挑戰，會毫無私人時間及隱私，肯定激化雙方暴露真個性……共事業的一男一女的相處問題，比單純的夫妻，難度高10倍，共事業的婚姻才是婚姻的大考驗。所以，如果你倆人並沒有「共事業」，只是晚上回家共處個幾小時，那麼相處婚姻就很簡單又容易。大家各自上班後回家，一個晚上輕鬆吃飯、洗澡、上床、休息、睡覺，相安無事可以過一生。連這樣都做不到？那不是太差勁了嗎？我的意思是，準備個晚餐、聊聊天、吵個小架鬥個嘴、洗個澡……短短的幾個小時會發生的衝突，只要你願意，一定可以想到解決方法，把它當演戲，也不過是幾個鐘頭而已。若你們是「事業共同體」，還有事業發展方向、財務問題、公司危機狀況要討論，你們回到家處婚姻時就沒那麼單純了。

浪漫與感情由公司的招牌上飛走

事前，要明白企業家庭的代價、好處與缺點、後遺症。企業家庭其實有很多優點：沒有後顧之憂、隨時可以在一起相親相愛、彼此有充份信賴感、資金及時間都集中、團結力量大、創造財富加速……但，即使這樣夫妻合伙是成功的，後遺症是兩個人會愈來愈公事公辦，就事論事，沒有感情味道。企業家庭想保有浪漫？很難，除非你們都有演員個性或是具備隨時「入定後出關」的本領。談錢，總是傷感情、傷面子。其實，在一般的家庭裡，家務分工、收支平衡、投資置產、教育養老，已經是煞費思量，有時甚至還擺不平；若合作事業，一定要具有18般武藝的多種本領才行。有人為了節省成本、牽制或控制配偶，不信任配偶，所以明明是不適合共管財產、共同創業的另一半，硬要結合成經濟、事業共同體，結果搞得公私不分、身心俱疲。創業者誰不是渴望成功？那個夫妻不是賣力為家為事業打拼？相信雙方都在賭一個必勝的結果，但若終究沒有成功，那就吃力又不討好了，豬八戒照鏡子，裡外都不是人，裡外都面子無光……最大的損失，就是浪漫與感情，早800年前就由公司的招牌上飛走了，這就是「事業共同體」讓你們付出的代價。

生意 VS 生活

我們為什麼要創業，做生意？是為了賺錢，而賺錢不是為了生活或理想嗎？但是，我看到有太多企業家庭為了「生意 」而忽略了「生活 」、甚至是因此完全沒有「生活」，更別提什麼休閒品質，連小孩也常是老人家或是奶媽帶大。這種「週末父母」「月底父母」「遠距離父母」、可能自己也是「分偶」的夫妻共事業，不管是開大公司或小店，都會把婚姻變成公式化的家庭。為了「生活」搞得「沒生活」，為了「家庭」搞到「沒家庭」。這樣的本末倒置，實在令人惋惜。本來一切都是為了家庭打拼、為了賺錢，結果最後是形同沒有家庭，這也真是矛盾。

合伙人 VS 夫妻

身為女人，想為女人多說幾句話。在企業家庭裡，為了做好生意，做妻子的通常都是全力以赴，再囉嗦一次，成為全年無休的「多功能全自動24小時服務的便利商店」。結果，常要承擔做夥計及配偶牽手的義務，卻得不到做夥計及妻子應有的優勢及好處。唉，員工和太太可得到的便宜常沒得到，但缺點及義務都得承擔。一般來說，夫妻合伙，丈夫在支持及信任上得利多，而太太在情感及尊嚴上損失大，有時候大到實在划不來，這是我個人的感受。女人經營企業家庭，不管事業是成是敗，肯定都會失去「美嬌娘」的氣質。男人「得其長嫌其短」，開始嫌太太強勢。若她比男方能幹許多，氣勢所致成為企業龍頭，那麼企業家庭就暴露了這個男人的缺點而讓他失去原來的男方魅力。我不只一次聽到事業成功的大企業家私下表示：「最後悔當初讓太太一起做生意。」咦？事業成功了，不但不感謝？還後悔及責怪。更差勁的是，我還看過許多的例子是，公司做大了就嫌太太的格局不高、或是妨礙了事業的人事管理，竟在功成名就時，千方百計想法子讓太太「回家」。回家後，一起打拼事業而性格已改變了的太太，必定有適應不良的現象，且無法變回男人喜歡的「小鳥依人」而被批評。男人與女人都要想清楚：要生意還是要生活，要一個合伙人還是一個好夫妻？想要共事業，就都得接受：為了生意可能沒了生活、為了合伙丟了愛情的感覺。

事業的成敗牽連婚姻的存續

家庭事業的夫妻容易婚姻失敗，若事業失敗？婚姻一定被牽連。夫妻事業共同體的成功，竟不是幸福的保單？因為，怕的是，你幫他功成名就後，「男人有錢後就變壞」，就算不變壞，也會有壞女人來找他，這真是氣死3條命也不夠。多少事業成功後感情生變的例子，就算經過法律協議而分割了財產，但恐怕後半輩子都要懷恨於心，因為這真的是生命的巨大斷裂。被利用後再被甩掉的感受，讓人終生痛苦。有些家庭共創事業夫妻是「賠了夫人又折兵」：事業失敗後，婚姻也拆伙了；或是表面上沒分手，但已經是貌合神離、同床異夢的形式夫妻。因事業而分手的婚姻，比比皆是。 到目前為止，我看到的分手事業夫妻檔，都是把事業失敗的過錯推給對方的，絕無例外，還真口徑一致啊。到今天為止，我還沒看過哪對合伙夫妻在事業失敗後，還能雲淡風輕的保有原先的單純婚姻關係。離婚分手的男女，永遠有太多的計較與痛苦，而若是「共事業的分手檔」，那筆帳可就更龐大與複雜。為什麼自由戀愛時代裡，離婚率反而高？其中一個原因，肯定是因為多了因事業共同體而分手的婚姻。事業的成敗，牽連婚姻的存續，這讓脆弱的婚姻又多了一個共同體的挑戰。

夫妻合伙「輸得起」原始的感情嗎？

有一個因「事業共同體」而覺得「早知如此就不會一起創」的女人告訴我：「事業我沒有發言權、財務狀況我沒有過問權，只有工作的義務。我的家庭把房子、儲蓄都交給了他，都是有去無

回，但當時完全不知道會是一場空。健康的損失也很大，記得長達10年我每天工作到半夜，做到全身都是病，整個背都發麻了，後來我才知道：酸抽痛麻……麻是比痛還深的毛病……」最後，她的先生以負債好幾千萬元而結束生意，她說：「早知道會這樣，誰會結婚？誰要幫他做這麼久？」類似這樣的夫妻，多半以離婚或自殺收場，令人感慨，因「愛」而開始的關係一旦遇上「金錢共同體」與「事業共同體」後，就如此的經不起考驗。事先想好，要夫妻合伙，很好，但「輸得起」原始的感覺嗎？

選擇題：創造事業還是保全婚姻

所以我的提醒是：想要夫妻合伙，先要想想是否「輸得起」？因為，做生意沒有必勝的把握，80%的小企業在3年之後都會消失，如果輸了事業，是否會波及兩人的情感？經營事業，本來就會有許多壓力、挫折、虧損、灰心的挑戰，一般的股東都會反目拆伙，對以情感起家、「遇情才合、遇理必分」的夫妻而言，難免，就可能為了事業而犧牲了浪漫、溫柔、體貼與耐心，大家要有心理準備。「事業共同體」這門功課，不要奢望高分，能及格就要慶幸了。別讓「事業」挑戰「婚姻」，我的意思是，只要事業和婚姻都還在，就別奢望對方還能甜言蜜語。能保有事業，又能保有濃情蜜意，你們做得到嗎。

婚前合伙就散伙是好事

婚前早點確認能否經營「家庭事業」，千萬不要太天真，以為夫妻同心創業一定會成功：婚後若已有了「企業家庭」就要想辦法做好平衡，創業了就有社會責任，不能又退縮回去。有一對情侶，因為情投意合而合伙開一問餐廳，沒多久就賠錢關門。餐廳歇業了，婚約，也告吹了。結束時，店裡的生財工具的歸屬權又成了爭執的重點，當然，婚事也吹了。這種事看來不好，其實很棒，因為他們的「金錢共同體」是不合的，在婚前早發現彼此的真性情真面目，也算是一件好事。

確認你們最在乎的是「感情」還是「事業」？

經營事業，有時候關鍵不是「金錢」，因為，已成功的事業繼續經營，不是老板缺錢，而是理想與企業責任。事業就是騎虎難下、事業越大它越對經營者有控制權，你必需繼續經營它，即使老板並沒有想要賺更多的錢。這就是為什麼在10大婚姻共同體裡，我區分「金錢共同體」與「命運共同體」為不同的功能。「金錢共同體」是小家庭的功課，「事業共同體」是共有事業的夫妻的功課。我的人生，若要排出「最後悔的事」的排行榜，「曾和先生共事業」這件事一定排得很前面。根據我的切身經驗，我常提醒準備夫妻創業的朋友先要想清楚：是「感情」第一，還是「 賺錢」至上？在創業時，一定要確認你(妳)最在乎的價值是感情還是事業？總之，關於「事業共同體」，我的建議是「選修科」，高分我們為你們鼓掌，若低分，也不要緊，因為把它當「選修科」就好。

《功能婚姻》【結論】

1／接受「婚姻就是：功能的滿足，資源的互補、條件的交換、合作的共享」的事實。

2／當最重要的功能有被滿足時，對其它的共同體就該放寬要求，列為「地雷區」或「選修區」。

3／要知道對方最需要的功能為何，並滿足它；若不知道對方最需要的功能為何，就要有關係一定會變淡的心理準備；若知道對方最需要的功能為何，但不能或不願滿足對方，你當然就不會是對方需要的人；若想維繫婚姻，就要持續調整自己對婚姻的功能(因為人生山水，人人會變，包括你自己，你和對方需要的功能都會變)。

4／反之亦然，要讓對方知道你最重要的需求為何，並想辦法得到滿足；對方若不能、或不願滿足你，你就只有2條路：1條是把需求調整為選修科，去除抱怨及期待而繼續婚姻；1條路是分開，各自去找能滿足你需求的「功能伴侶」。

5／祝天下有情人終成眷屬，《功能婚姻》祝天下有情人成為眷屬後成為「有功能」的人而白頭偕老。

【幸福工程】教學系統全集

1、《功能婚姻》：婚姻裡的真相及策略

2、《笑能家教》：家教的禁忌及策略

3、《智能擇偶》：《7挑8選》找到屬於自己的好男人好女人

4、《離婚免疫學》：預防及解決離婚危機(並沒有外遇)

5、《三角習題攻略本》：大老婆的婚變攻略書(當外遇已發生)

6、《問題高手》：解決問題的12個步驟

7、《做一個永遠的美人/英雄》：健康長壽美麗的秘訣

8、《金錢的21個遊戲》：皇帝總統不教的課程

9、《快樂智能》：決定不生氣立志要快樂的版法

10、《真正的效率》：不生病不生氣不失敗的終極效率

11、《天龍8部口才學》：你可以說得更好。

《功能婚姻》演講/課程/諮詢　專線：

0912442233(line)

總編0795-艾妮-淡水100景/

淡水河景-80*100-油畫畫布-2023